Istituto Bruno Leoni

Donald J. Boudreaux

LIBERO COMMERCIO
Cos'è e come ci rende tutti più ricchi

Titolo originale
Free Trade and How It Enriches Us
(London, Institute of Economic Affairs, 2018)

© Donald J. Boudreaux, 2018

Traduzione dall'inglese
Giuseppe Portonera

AD e copertina
David Perazzoni
Elementi grafici di copertina: Designed by vectorpouch / Freepik

IBL Libri
Piazza Cavour, 3
10123 Torino
info@ibl-libri.it
www.ibl-libri.it

Agosto 2019
ISBN: 978-88-6440-397-7

INDICE

- Il libero scambio accresce il benessere di tutti coloro che vi prendono parte. Il modo più rilevante perché ciò accada è dato dal fatto che lo scambio rende possibile e incentiva la specializzazione nella produzione, mentre incoraggia l'automazione e l'innovazione. E più si rafforza la specializzazione – e, con essa, l'automazione e l'innovazione – e più si innalza il livello di beni e servizi disponibile per ciascuno di noi.

- La crescita della produzione economica totale dipende da una maggiore specializzazione; una maggiore specializzazione segue a un aumento degli scambi commerciali; l'aumento degli scambi commerciali è determinato dall'ampliamento delle dimensioni del mercato.

- La specializzazione che si realizzerà secondo la teoria dei vantaggi comparati accrescerà il livello della produzione economica totale, anche quando a ciò non consegua l'incremento della produttività di ogni singolo lavoratore. Ciascuno di noi non ha che da guadagnare dall'incremento dell'efficienza produttiva dei nostri partner commerciali.

- Né il libero scambio né il protezionismo influenzano, sul lungo periodo, il livello di occupazione in un paese. Le scelte di politica commerciale incidono solo sulla selezione del tipo di professione che prevarrà: più precisamente, il libero scambio elimina i posti di lavoro nelle industrie che soffrono di uno svantaggio comparato e li crea in quelle che godono di un vantaggio comparato. L'effetto del protezionismo è esattamente opposto.

- Il commercio non riduce i posti di lavoro in un'economia nazionale, perché le importazioni hanno come conseguenza quella per cui gli stranieri o esportano maggiormente beni prodotti in quella diversa economia nazionale o investono in misura maggiore in quest'ultima: così, in entrambi i casi, si creano nuovi posti di lavoro che bilanciano quelli soppressi a causa delle importazioni.

- I deficit commerciali non presuppongono necessariamente problemi economici o di politica economica; non sono causati da pratiche commerciali "scorrette" dei governi stranieri; non riflettono una carenza di risparmi nei paesi in cui vengono registrati; e non hanno come conseguenza l'aumento dell'indebitamento nei confronti dei paesi esteri. Commerciare con i cittadini di altre nazioni e commerciare con i propri connazionali non fa alcuna differenza, in termini di risultati economici.

Il commercio internazionale è antico quanto la civiltà umana. Ma, fino a poco tempo fa, non aveva un peso così rilevante: è decollato davvero solo con la Rivoluzione industriale e l'abrogazione delle *corn law* inglesi nel 1846, a cui fece seguito un'ondata di liberalizzazioni commerciali in tutta Europa. Nei secoli antecedenti al 1800, il valore dei beni scambiati tra diverse nazioni ammontava a circa il 5% della produzione mondiale, misurata dal prodotto interno lordo. Nel 2015, tale valore rappresentava il 60% del PIL mondiale. L'esplosione del commercio internazionale ha giocato un ruolo fondamentale nell'incredibile crescita economica che si è registrata in questo periodo. Il PIL mondiale *pro capite*, aggiustato al valore corrente del dollaro americano, è passato da 1.000 $, nel 1800, a 16.000 $, nel 2018. Nello stesso lasso di tempo, è passato, nel Regno Unito, da 3.500 $ a 43.000 $.

Ma la "globalizzazione" non progredisce senza rallentamenti. Il commercio internazionale è sprofondato bruscamente nel periodo tra le due guerre mondiali e, specialmente, dopo i dazi doganali, introdotti con lo *Smoot-Hawley Act*, allo scopo di proteggere i posti di lavoro statunitensi durante la Grande depressione. Tra il 1914 e il 1939, il commercio internazionale è diminuito dal 30% al 10% del PIL mondiale.

I dazi sono stati comunemente additati quali strumenti in grado solo di peggiorare i problemi che vorrebbero risolvere e, dopo la Seconda guerra mondiale, ha preso avvento un lento processo di liberalizzazione del commercio internazionale. L'Accordo generale sulle tariffe e il commercio (meglio conosciuto come GATT) fu inizialmente sottoscritto da 23 paesi nel 1949. Dopo diversi "round", nel 1995 è stato sostituito dall'Organizzazione mondiale del commercio (WTO), che è composta a oggi da 164 Stati membri. In questi ultimi, i dazi sulle importazioni e i sussidi alle esportazioni sono stati eliminati o ridotti durante la seconda metà del XX secolo e il commercio internazionale è decollato nuovamente.

Almeno fino a poco tempo fa.

Il cambio di marcia è ben rappresentato da Donald Trump, il presidente degli Stati Uniti, che ha dato seguito alla sua retorica protezionista della campagna presidenziale nel 2016 attraverso l'imposizione di nuovi dazi doganali sull'acciaio importato dalla Cina e dall'Unione europea. Ma anche prima della candidatura di Donald Trump, la marcia aveva già invertito il proprio senso di rotta: tra la crisi finanziaria del 2008 e il 2016, i paesi del G20 hanno introdotto 1.583 nuove tariffe, e ne hanno eliminate solo 387. Il consenso politico in favore del libero scambio si va indebolendo.

Ecco perché questo scritto. Esso spiega perché il commercio beneficia chiunque vi prenda parte e perché non fa alcuna differenza se le parti coinvolte vivano in paesi differenti.

Le argomentazioni in favore del libero scambio sono note agli economisti sin dall'operato di Adam Smith, nel tardo XVIII secolo, e di David Ricardo, un quarantennio più tardi. Ma i politici tendono a dimenticarle, anche quando ne sono a conoscenza. E, allo stesso modo, sembrano fare gli elettori che li votano.

Se solo le persone smettessero di dimenticare, noi difensori del libero scambio potremmo smetterla di ripeterci di continuo.

1
ADAM SMITH, LA SPECIALIZZAZIONE
E LE DIMENSIONI DEL MERCATO

SOLO LE PERSONE IN CARNE E OSSA COMMERCIANO
Prendiamo l'avvio da un fattore tanto importante quanto troppo spesso trascurato: il commercio avviene esclusivamente tra individui. I paesi non commerciano. Le regioni non commerciano. Gli emisferi non commerciano. Le entità collettive, in qualunque modo concepite o descritte, non commerciano. Solo gli individui commerciano. Spesso questi ultimi lo fanno senza essere associati con qualcuno, come accade quando si spendono i propri soldi per comprare per sé un gelato, o quando si accetta un determinato lavoro per un determinato stipendio. Altre volte, gli individui commerciano associandosi a qualcun altro: l'esempio più comune, ai giorni nostri, si ha quando più persone combinano le proprie risorse in imprese plurisoggettive, ognuna delle quali ha membri che sono autorizzati a comprare e vendere in nome della società, come accade quando la Ford impiega una parte delle risorse degli azionisti della compagnia per acquistare le lamiere necessarie per produrre le automobili.[1]

Ma anche nelle aziende più grandi del mondo, i dirigenti comprano e vendono in nome e per conto degli azionisti,

---

1 Gli Stati possono commerciare quando, ad esempio, uno di essi acquisti un aereo per la propria aviazione militare o quando una compagnia ferroviaria statale vende un biglietto a un cliente. Ma, ancora una volta, questo è il caso di una particolare entità legale (lo Stato) impegnata in uno scambio e, di nuovo, la decisione di commerciare è effettuata da persone in carne e ossa.

ognuno dei quali ha scelto, in modo individuale, di entrare a far parte di questa relazione tra agente (dirigenti) e principale (azionisti). Questo rapporto crea singole entità – quale, per l'appunto, la Ford – con una consapevole direzione e uno scopo. Come per ogni uomo, donna o famiglia, ha senso, nell'analisi del commercio e delle politiche commerciali, considerare le società commerciali e altre organizzazioni plurisoggettive come fossero individui. Al contrario, poiché questa stessa consapevole direzione e questo stesso scopo non esistono quando si discorre di paesi, regioni o nazionalità, trattare queste ultime allo stesso modo in cui si tratta un individuo, che agisce e opera in modo consapevole e con uno scopo, finirebbe per essere indebito e fuorviante. Mentre, volendo fare un esempio, gli acquisti e le vendite dei tedeschi (o della Germania) potrebbero essere misurate e registrate in modo analogo agli acquisti e alle vendite della Ford, solo queste ultime fanno parte di una pianificazione voluta: le prime sono semplicemente il risultato aggregato dei vari individui che perseguono i propri obiettivi secondo i propri piani. Vedremo in seguito quanto importante sia evitare di pensare alle nazioni o ai paesi come fossero entità consapevolmente coinvolte negli scambi commerciali.

IL COMMERCIO È UN MODO PACIFICO DI TRASFERIRE I DIRITTI
DI PROPRIETÀ A CHI LI VALUTA MAGGIORMENTE

Un motivo fondamentale del perché commerciamo è rappresentato dal fatto che gli altri possiedono cose che vogliamo. Queste ultime possono avere consistenza fisica, come le mele o le automobili, o possono essere servizi, come riparare tubature che perdono o tagliare i capelli. Ma il fatto che altre persone possiedono le cose che vogliamo non basta a spiegare perché commerciamo. Esistono altri modi di ottenerle, come furto, frode o accattonaggio. O, ancora, è possibile produrle personalmente. Ed effettivamente ognuno di questi mezzi è impiegato: ma il più comune di essi è il commercio. Questo si realizza ogni qualvolta due individui scambiano tra di loro volontariamente i propri diritti di proprietà: Tizio trasferisce volontariamente la proprietà che vanta su una mela a Caio, in cambio del volontario trasferimento che Caio fa in suo favore della proprietà di un pompelmo.

Per sua stessa natura, lo scambio è volontario e pacifico. E sebbene alcune transazioni avvengano con l'inganno – ad esempio quando Caio spinge Tizio a credere che la palla di plastica gialla nella sua mano sia un pompelmo – io assumerò come esempi di "commercio" solo quegli scambi volontari realizzati in assenza di frode: e non lo faccio solo perché la grande maggioranza degli scambi volontari non prevede il ricorso a raggiri, ma anche perché le critiche mosse al commercio – e che vengono affrontate nel corso di questo scritto – non hanno nulla a che spartire con l'accusa di truffa.

Essendo volontario, il commercio richiede che ciascuna delle parti coinvolte creda di trarre beneficio da quello scambio (beneficio da misurare rispetto a ciò che essa avrebbe avuto se non avesse partecipato allo scambio). Se un tale pensa che un accordo che gli è stato offerto possa *danneggiarlo*, lo rifiuterà, senza tante storie. E come esiste la possibilità di frode, esiste sempre anche la possibilità dell'errore. Tizio potrebbe essere seriamente convinto di preferire il pompelmo di Caio alla sua mela, salvo poi rendersi conto – una volta realizzato lo scambio tra i due frutti – che avrebbe preferito mangiare la mela. E come per gli scambi viziati dai raggiri, non terrò in considerazione neanche questo tipo di errore, non perché convinto che non si verifichi – è ovviamente vero il contrario – ma perché questo interessa solo una piccola frazione del totale degli scambi e perché esso non gioca alcun ruolo in nessuna delle principali obiezioni che sono mosse nei confronti del libero scambio.

Dunque, la ragione motrice del commercio è semplice e ovvia: il commercio è un mezzo con cui ciascun individuo prova a migliorare il proprio benessere. Per farlo, è necessario rinunciare a qualcosa che si valuta come meno prezioso, in cambio di qualcos'altro che si stima come più prezioso. E poiché ciascuna parte in uno scambio ragiona in questo modo, ogni scambio migliora il loro benessere. Nella sua forma più basilare – quale lo scambio di una mela per un pompelmo – il commercio incrementa il benessere umano anche in assenza della produzione di un nuovo bene. Il semplice trasferimento dei diritti di proprietà di beni già esistenti, attraverso lo scambio, accresce il benessere umano.

Sebbene questa verità non dovrebbe mai essere dimenticata, è ovvio che un aumento significativo nel benessere umano richiede ben altro, rispetto al semplice riallineamento dei diritti di proprietà su beni già esistenti. La quantità di beni deve crescere, così come deve crescere la capacità di fornire servizi: e non si può separare il commercio dalla cooperazione sociale che è necessaria per produrre nuovi beni e servizi.

IL COMMERCIO PROMUOVE LA SPECIALIZZAZIONE
NELLA PRODUZIONE – ED È A SUA VOLTA
PROMOSSO DALLA SPECIALIZZAZIONE

Nel primo capitolo del suo monumentale lavoro, *Indagine sulla natura e le cause della ricchezza delle nazioni* (1776), un libro che è considerato come fondativo della moderna scienza economica, il filosofo morale scozzese Adam Smith (1723-1790) ha indicato l'inimmaginabile misura di cooperazione sociale che è necessaria per produrre un comune capotto di lana. Vale la pena riportare per intero il passo di Smith:

> L'abito di lana, che veste il lavorante a giornata, per quanto grossolano e ruvido possa apparire, è ad esempio il prodotto del lavoro congiunto di una grande moltitudine di operai. Il pastore, il selezionatore di lana, il pettinatore o cardatore, il tintore, il cardatore di grosso, il filatore, il tessitore, il follatore, l'apprettatore e molti altri devono mettere insieme le loro differenti arti al fine di portare a termine anche solo questa produzione casalinga. Quanti mercanti e vetturali devono inoltre essere stati impiegati per trasportare i materiali da qualcuno di questi operai ad altri che spesso vivono in parti remotissime del paese! In particolare, quanto commercio e navigazione, quanti costruttori di navi, marinai, velai, cordai, devono essere stati impiegati al fine di mettere insieme le differenti sostanze usate dal tintore, spesso provenienti dagli angoli più remoti della terra! Quale varietà di lavoro è pure necessaria per produrre gli strumenti del più infimo di questi operai! Per tacere di macchine così complicate come le navi, il molino del follatore, o anche il telaio del tessitore, basti riflettere sulla varietà di lavoro necessaria a formare anche solo quella macchina semplicissima che sono le forbici con le quali il pastore tosa le pecore. Il minatore, il costruttore della fornace per fondere il minerale, il taglialegna, il bruciatore del carbone da usare nella fonderia, il fabbricante e il posatore di mattoni, gli operai che accudiscono la fornace, il costruttore del molino, il fonditore, il fabbro, tutti devono unire le loro differenti arti per produrle. [...] Insomma, se esaminiamo tutte queste cose e consideriamo quale varietà di lavoro è impiegata in ognuna di esse, ci renderemo conto che

senza l'assistenza e la cooperazione di molte migliaia di persone l'essere più meschino di un paese civile non potrebbe godere nemmeno del tenore di vita di cui comunemente gode, che noi erroneamente riteniamo semplice e facile.[2]

Un comune giubbotto è fatto da numerosissimi e diversi materiali, ciascuno dei quali proviene da numerosissimi e diversi paesi, ed è realizzato solo perché ciascuno in una moltitudine di individui – oggi sparsa per tutto il globo – contribuisce al processo produttivo attraverso la propria creatività, la propria conoscenza, i propri sforzi e la propria volontà di sopportare dei rischi. E ciascuno di essi fa ciò – meglio: *può* far ciò – solo perché commercia con altri produttori.

In modo piuttosto scontato, dal momento in cui non confezioniate personalmente il vostro giubbotto, lo comprerete: in altre parole, scambierete qualcosa per averlo. Dall'altra parte di questa transazione si trova la moltitudine di individui i cui sforzi combinati sono risultati nella produzione materiale del vostro giubbotto, così come nella sua consegna al negozio in cui lo avete comprato. Ciascuna di queste persone – dall'allevatore di pecore, all'operaio dello stabilimento tessile, passando per l'autista del furgone delle consegne, fino all'attuario impiegato dalla compagnia assicurativa, i cui servizi sono fondamentali per rendere economicamente fattibile l'attività del negoziante al dettaglio – ha scambiato la propria capacità produttiva per una ricompensa in denaro, che ha poi usato per acquistare altri beni e servizi per sé e per la propria famiglia. Se nessuna di queste persone fosse stata in grado di scambiare con altri i beni e i servizi che desi-

---

2 Adam Smith, *La ricchezza delle nazioni*, 1776, libro primo, capitolo I.

derava consumare, allora nessuna di esse avrebbe volontariamente impiegato il proprio tempo e la propria fatica per produrre i materiali del giubbotto a voi destinato.

E lo stesso è vero per voi. Avete guadagnato i soldi necessari per acquistare il vostro giubbotto lavorando. Magari siete davvero innamorati del vostro lavoro, ma è improbabile che continuereste a farlo se il vostro datore di lavoro dovesse smettere di pagarvi: continuerete a lavorare perché è il modo attraverso il quale scambiate il vostro tempo e la vostra fatica per guadagnare il denaro che poi scambierete a vostra volta per i beni e i servizi che altri hanno prodotto per voi. Alla fin fine, non lavorate per i soldi, ma per ciò che i soldi possono comprare.

Fermiamoci un attimo per mettere in evidenza il fatto che voi siete completamente estranei a ciascuno o quasi di coloro i quali hanno lavorato per fabbricare il vostro giubbotto. Siete completamente estranei anche a ciascuno o quasi di coloro i quali hanno tratto beneficio dai vostri sforzi lavorativi. Gli estranei aiutano gli estranei, un giorno sì e l'altro pure. E ciò che mette in comunicazione tutti questi estranei, nella rete mondiale della produzione e della mutua assistenza, è il commercio.

È importante riconoscere quanto straordinariamente produttivo sia il sistema mondiale di cooperazione economica. Attraverso una ricerca online, ho verificato i prezzi al dettaglio dei giubbotti di lana nel Regno Unito:[3] 200 £ è il prezzo medio. Lo stipendio orario mediano di un lavoratore a tempo pieno inglese è, correntemente, 13,94 £. Pertanto, in media, si deve lavorare solo 14,3 ore per guadagnare abbastanza soldi da potersi permettere un nuovo giubbotto di lana. Il che vuol dire che,

---

3 La mia ricerca è stata svolta il 5 luglio 2018.

per sole 14,3 ore del proprio tempo, il lavoratore medio può disporre di parte del frutto del lavoro di (letteralmente) milioni – forse di centinaia di milioni – di estranei. E, ovviamente, ciò che è vero per un giubbotto è vero per ogni altro bene e servizio che consumiamo ogni giorno: ognuno di essi, con rare eccezioni, ci costa soltanto qualche minuto o ora del nostro tempo. Eppure, in ogni caso, quello che compriamo in cambio di una così piccola frazione del nostro tempo è un bene o un servizio la cui realizzazione ha richiesto lo sforzo di milioni di altre persone. Difatti, ci costa così poco esattamente *perché* la sua produzione è stata resa possibile dallo sforzo di milioni di individui, ciascuno dei quali ha contributo con il proprio, specializzato, talento.

ADAM SMITH SUL PERCHÉ LA SPECIALIZZAZIONE DEI LAVORATORI È PRODUTTIVA

La spiegazione di questa fenomenale verità da parte di Adam Smith prende avvio dall'osservazione per cui il livello di produzione complessivo di qualunque gruppo di persone aumenterà se ciascun componente si specializzerà nell'assolvere un determinato compito, anziché produrre qualsiasi cosa per sé. Smith prosegue mettendo in luce che le opportunità di specializzazione aumentano quando le dimensioni del mercato crescono, cosa che avviene quando il numero di individui coinvolti nel commercio si allarga.

Iniziamo dal vedere le ragioni poste da Smith a fondamento del motivo per cui la specializzazione tra un *dato* numero di persone fa sì che il livello di produzione complessivo sia più alto rispetto a quello che si avrebbe se ciascuno producesse da sé tutti i beni e i servizi di cui egli e la sua famiglia hanno bisogno.

Innanzitutto, quando i lavoratori si specializzano, non sprecano tempo passando da una mansione a un'altra. Se Tizio si occupa della pulizia delle finestre di un grattacielo al mattino, per poi badare alle pecore nel pomeriggio, mentre Caio attende al gregge al mattino, per poi pulire le finestre nel pomeriggio, il tempo che ciascuno dei due lavoratori spende nello spostarsi dalla città alla campagna (e viceversa) è tempo durante il quale nessuno dei due produrrà beni o servizi. Meglio sarebbe se uno di loro si specializzasse nell'allevamento delle pecore e l'altro nella pulizia delle finestre di un grattacielo. Ogni lavoratore, non essendo più costretto a buttar via del tempo facendo la spola tra le due mansioni, produrrebbe di più, ogni giorno.

Mentre è impossibile disputare della fondatezza di questa affermazione, la sua importanza è trascurabile. La nostra odierna prosperità, evidentemente, non deriva prevalentemente dal fatto che i lavoratori non sprecano la maggior parte del loro tempo.

La seconda ragione che Smith ha offerto a sostegno del perché la specializzazione accresce il livello complessivo della produzione è che, grazie a essa, le competenze professionali di ciascun lavoratore si perfezionano. Un lavoratore che impiega tutto il proprio tempo eseguendo un unico compito – per esempio, riparare aspirapolveri – diventerà molto più capace nello svolgere quella mansione, rispetto al caso in cui dovesse disperdere il proprio tempo in tante diverse occupazioni. Quando i lavoratori specializzati perfezionano le proprie competenze professionali, le loro produzioni orarie crescono, così come avviene per la qualità del loro lavoro. Pertanto, un'economia in cui i lavoratori sono specializzati produrrà maggiori e migliori produzioni *pro capite* e per lasso di tempo.

Mentre non può esservi dubbio sul fatto che questa seconda spiegazione offerta da Smith sia più significativa rispetto a quella sul risparmio di tempo, essa comunque è insufficiente per giustificare la moderna prosperità. E per quanto riguarda la terza?

Quest'ultima è l'automazione. Secondo Smith, più le mansioni professionali diventano specializzate e più è probabile che saranno automatizzate. È più facile inventare una macchina per eseguire un unico, limitato compito, piuttosto che inventarne una in grado di realizzarne diversi. Così, quando uno specifico, limitato compito diventa oggetto prediletto dell'attività dei lavoratori che in esso si sono specializzati, è molto probabile che qualcuno possa vedervi l'opportunità di inventare una macchina in grado di eseguire quel compito.

Quando una macchina prende il posto dei lavoratori umani, la mansione, ora automatizzata, è di solito realizzata in modo più efficiente rispetto a quando è compiuta da un uomo. Di norma, le macchine sono più veloci, potenti e precise degli umani; non hanno bisogno di pause pranzo, di fermarsi per andare in bagno o di precipitarsi a casa per accudire un bambino ammalato; non scioperano. Tuttavia, ancora più importante è il fatto che la capacità lavorativa umana resa disponibile dal processo di automazione può essere indirizzata verso mansioni che altrimenti resterebbero inevase (cioè per produrre beni che altrimenti non sarebbero realizzati). Man mano che l'automazione avanza, la società non solo continua a garantirsi quei beni prodotti un tempo dagli umani e ora dalle macchine, ma ottiene, inoltre, i beni prodotti dai lavoratori umani che non devono più attendere alle mansioni ora automatizzate.

Nel 1800, circa un terzo dei lavoratori britannici era impiegato nell'agricoltura. Oggi, lo è solo l'1,1%. L'automazione – incluso l'impiego dei pesticidi chimici e dei fertilizzanti, insieme alla refrigerazione e ai miglioramenti nel confezionamento dei prodotti agricoli – ha liberato la quasi totalità dei lavoratori dal dover occuparsi della produzione di cibo. Con così pochi lavoratori a oggi impegnati in questa attività, la grande maggioranza di noi è libera di dedicarsi ad altre mansioni. Se la tecnologia impiegata nella coltivazione, raccolta, deposito e distribuzione del cibo fosse rimasta identica a quella del 1800, a oggi un terzo di tutti i lavoratori britannici sarebbe occupato nel settore agricolo: il che vuol dire che la maggior parte dei lavori odierni non esisterebbe. Lavori come *web-designer*, tecnici della risonanza magnetica, gastroenterologi pediatrici e *personal trainer* – questi tra molti altri – semplicemente non sarebbero mai stati creati. E ciò sarebbe stato un peccato non solo per chi tra di noi oggi è impegnato in queste mansioni, ma anche per chi tra di noi beneficia dei risultati di questi lavori.

Benché Adam Smith ritenne opportuno indicare l'automazione tra le tre ragioni del perché la specializzazione accresce la "ricchezza delle nazioni", egli non le ha dato l'enfasi che avrebbe meritato. Più precisamente, Smith non ha offerto alcuna prova del fatto che avesse pienamente apprezzato la centralità che l'innovazione ha nel processo di crescita economica che ha creato il mondo moderno. I lavoratori liberati dalle mansioni agricole e industriali non sono diventati soltanto disponibili per l'impiego in altri settori, già esistenti e in espansione: in aggiunta a ciò, essi sono spesso diventati innovatori a loro volta, creando mercati per professioni completamente nuove, concependo prodotti completamente nuovi, ideando metodi di produzione rivoluzionari e molto più efficienti, perfezionando il flusso dei finanziamenti, così da assicurare che la maggior parte delle idee più meritevoli potesse effettivamente essere realizzata.

Significativamente, la realizzazione di queste idee innovative dipende dalla disponibilità di risorse, inclusa la forza lavoro, necessarie per portare a compimento tali idee. Perfino quei lavoratori che, dopo essere stati liberati dalle mansioni preesistenti, non diventano innovatori o imprenditori giocano un ruolo cruciale nel processo di crescita economica: essi diventano gli ingegneri, i manager, i commessi, gli artigiani, gli avvocati, i commercialisti e gli altri lavoratori di contorno necessari perché le idee innovative vengano trasformate effettivamente in beni, servizi e nuove tecnologie di produzione. L'innovazione è la *condicio sine qua non* dell'immensa "ricchezza della nazioni" di cui godiamo oggi.

ADAM SMITH SUL PERCHÉ MERCATI PIÙ GRANDI
RICHIEDONO MAGGIORE SPECIALIZZAZIONE PRODUTTIVA

Oltre alle tre spiegazioni offerte sul perché la specializzazione tra un dato numero di individui accresce il livello finale della produzione, Smith ha identificato una quarta causa della crescita della ricchezza: l'aumento delle dimensioni del mercato (cioè, l'aumento del numero delle persone che prendono parte al processo di scambio). L'economista scozzese ha sintetizzato questo fenomeno in questi termini: «La divisione del lavoro dipende dalle dimensioni del mercato». Questo effetto si verifica tanto sul lato dell'offerta (cioè, l'offerta di lavoro), quanto sul lato della domanda (cioè, la domanda di beni prodotti da lavoratori specializzati e macchinari). Guardiamo nel dettaglio ciascuno dei lati.

La divisione del lavoro è direttamente dipendente
dal numero dei lavoratori

Più grande è il numero di lavoratori disponibili, maggiori sono le opportunità per la specializzazione produttiva. Se sei un naufrago, solo, su un'isola abbandonata e ti nutri di pesci e banane per sopravvivere, ovviamente dovrai procurarti da solo sia tutti i pesci *che* tutte le banane di cui hai bisogno. Ma se, invece, un'altra persona dovesse essere naufragata con te su quella stessa isola, uno di voi potrebbe specializzarsi nella raccolta delle banane, mentre l'altro potrebbe specializzarsi nella pesca, *a patto però che ciascuno di voi sia disposto a scambiare con l'altro.* Per le ragioni già esplorate più sopra, Adam Smith ha correttamente anticipato che al raddoppio della popolazione dell'isola sarebbe corrisposto il raddoppio del livello produttivo complessivo dell'isola. I beni prodotti *pro capite* sarebbero aumentati.[4]

Allo stesso modo, la presenza di una terza persona sull'isola avrebbe l'effetto di incrementare il totale dei beni prodotti in proporzione maggiore al semplice aumento del numero dei lavoratori, anche nel caso in cui tutti e tre continuassero a produrre e consumare solo pesci e bana-

---

4 I lettori più attenti si saranno accorti che l'aumento dei beni prodotti *pro capite* causato dall'aumento delle persone che prendono parto al processo economico è, in effetti, identico all'aumento dei beni prodotti *pro capite* quando uno stesso numero di individui passa dall'essere non specializzato allo specializzarsi. Quando ciascuna persona in questo gruppo passa dall'essere completamente auto-sufficiente allo scambio con gli altri componenti, ciò che accade è che un'unica, più ampia economia prende il posto di economie più piccole e individuali. Per via della specializzazione nelle economie più grandi, il livello di produzione finale è più alto rispetto alla somma dei singoli livelli delle più piccole economie che sono state rimpiazzate.

ne. La terza persona presente potrebbe specializzarsi nel pescare in una zona particolare dell'isola, mentre gli altri pescatori potrebbero concentrarsi in un'altra località. Finché tutte e tre saranno disposte a commerciare tra di loro, il totale di pesci e banane disponibili per ciascuno di loro crescerà più che proporzionalmente all'aumento di specializzazione reso possibile dall'incremento della popolazione.

In generale, per ogni dato numero di beni e servizi da produrre, un più ampio numero di lavoratori rende possibile – e promuove – una maggiore specializzazione, che ha quale effetto l'aumento del totale di beni prodotti *pro capite*. Questi "rendimenti crescenti" (come vengono definiti dagli economisti) causati da un numero di lavoratori in aumento producono un determinato paniere di differenti beni in forza di due caratteristiche proprie della maggior parte dei processi produttivi. In primo luogo, il processo produttivo per quasi ogni bene o servizio è costituito da un gran numero di passaggi intermedi, ciascuno dei quali può diventare oggetto della specializzazione di una sottocategoria di lavoratori. Per esempio, se l'attività pesca richiede sia la cattura del pesce che la sua attenta conservazione in ceste, così da poterlo portare a casa, allora se ci sono due persone che si dedicano a questa impresa, una di loro potrà specializzarsi nella cattura e l'altra nella conservazione.

In secondo luogo, se ci sono più lavoratori, lo stesso processo di produzione può "estendersi". Un maggior numero di lavoratori consente la realizzazione di nuovi compiti che contribuiscono a rendere più veloce o migliore la produzione del bene finale. Per esempio, se ci fosse un solo lavoratore specializzato nel raccogliere banane, questi dovrebbe costantemente arrampicarsi su e giù per gli alberi di banane. Ma se ci fossero due lavoratori, uno dei due potrebbe specializzarsi nel tenere in equilibrio l'altro sulle proprie spalle, cosicché quest'ultimo possa raccogliere le banane in modo molto più veloce (in questo modo, in verità, un lavoratore diventa una scala umana). Il risultato dell'"estensione" del processo di raccolta delle banane è che, nel medesimo lasso di tempo, verrà ricavato un maggior numero di banane.

La divisione del lavoro è direttamente dipendente dal numero di consumatori

Immaginate (come è plausibile) che una città con soltanto cinquecento abitanti abbia bisogno di un solo medico (ad esempio, un medico di famiglia). Ora, immaginate che la popolazione cresca di mille volte, cosicché gli abitanti siano ora 500 mila. Questa stessa città avrà ora dei medici "specialisti", che non aveva quando era più piccola: specialisti come pediatri, oncologi, podologi e chirurghi cardiovascolari. Come si spiega l'emersione di questi medici specializzati?

In parte, la risposta è data dal fatto che è più facile trovare individui con l'attitudine e la volontà necessaria per impegnarsi in questi compiti più specializzati in una popolazione più ampia, anziché in una più ristretta. Ma il cuore della risposta è che una popolazione più ampia, probabilmente, avrà un numero sufficiente di *consumatori* che giustifichino una simile e maggiore specializzazione.

Prendete l'esempio di un gastroenterologo pediatrico.[5] La percentuale di persone al di sotto dei 16 anni che

---

5 Ho un particolare affetto per questa branca di specializzazione, e questo perché è stato proprio un gastroenterologo pediatrico a salvare la vita di mio figlio, quando questi aveva tre anni, nel 2000. È opportuno evidenziare che la mia famiglia e io, allora, vivevamo nell'area metropolitana di New York.

soffrono di disturbi gastrointestinali è (fortunatamente) assai ridotta: di conseguenza, una minore popolazione presenterà un numero di bambini affetti da tali disturbi contenuto e che, quindi, non giustificherà la necessità di un gastroenterologo pediatrico. A seconda della popolazione, si potrebbe avere un numero di persone tale da richiedere la presenza di un gastroenterologo che curi pazienti di *tutte* le età, e si potrebbe avere un numero di bambini tale da richiedere un pediatra che curi qualsiasi malattia da cui potrebbero essere affetti i più piccoli. Ma per giustificare la presenza di un professionista altamente specializzato quale un gastroenterologo pediatrico, la popolazione di una città dovrà essere grande abbastanza da assicurare un numero sufficientemente ampio di bambini che, in un dato momento, potrebbero soffrire di disturbi gastrointestinali che richiedano l'attenzione dello specialista in questione.

Un grande spazio di mercato non soltanto incoraggia gli individui a guadagnarsi da vivere attraverso l'impegno in settori ad alta specializzazione, ma li incoraggia pure a investire il tempo e le risorse necessarie per acquisire le competenze che sono proprie di quei settori. Un gastroenterologo pediatrico non avrebbe completato il percorso di studio e tirocinio professionale ulteriore richiesto per una professione così specialistica, se avesse ritenuto che lo spazio di mercato rilevante sarebbe stato troppo piccolo per consentirgli di guadagnarsi da vivere praticando quella professione.

*Uno spazio di mercato più ampio promuove l'innovazione
e lo sviluppo dei prodotti*

Quanto più ampio sarà il numero di pazienti da servire e tanto più un medico sarà disposto a investire il tempo e l'impegno necessari per specializzarsi in gastroenterologia pediatrica, così quanto più sarà ampia la fascia di mercato, tanto più gli imprenditori e gli investitori saranno inclini a sperimentare e a investire nella produzione di beni e servizi che presentino elevati costi iniziali. Prodotti che presuppongono impegnativi costi iniziali non saranno sviluppati e realizzati se gli imprenditori e gli investitori riterranno di non essere in grado di venderne un numero di unità tale da recuperare quei costi. Pertanto, quanto più ampio sarà lo spazio di mercato, tanto più numerosa sarà la clientela e, quindi, tanto più probabile sarà che il volume delle potenziali vendite sia alto abbastanza da consentire il rientro dai costi iniziali di sviluppo e produzione.

Un esempio ipotetico è utile per chiarire quanto detto. Immaginiamo che la compagnia farmaceutica Merck – con sede nel New Jersey – debba decidere se sviluppare o meno un nuovo farmaco per il trattamento di una dolorosa (ma raramente fatale) patologia, che colpisce una sola persona ogni 1.500 per secolo. Se questo fosse un tipico farmaco, Merck dovrebbe spendere, inizialmente, circa 2,5 miliardi $ in costi di ricerca, sviluppo e sperimentazione. Anche se Merck fosse certa di poter superare positivamente questa fase iniziale, non la affronterebbe se non si aspettasse di poter recuperare i costi sia di produzione del farmaco che quelli legati alle fasi di ricerca, sviluppo e sperimentazione.

Immaginiamo che la clientela di Merck sia limitata agli Stati Uniti, e che la popolazione media annuale di questi ultimi sia stimabile, nel corso dei prossimi cento anni, in 400 milioni. Immaginiamo anche che questo farmaco sia assunto una sola volta nel corso della vita di ogni paziente. In queste circostanze, Merck non potrà aspettarsi più di 266.667 clienti, in totale, per il nuovo farmaco: per giustificare i costi di sviluppo di quest'ultimo, Merck dovrebbe venderne ciascuna unità ad almeno 9.375 $.[6] A meno di essere sicura di vendere almeno 266.667 unità al prezzo base di 9.375 $ cadauna, Merck non svilupperà il farmaco.

Ma immaginiamo ora che la clientela di Merck sia diffusa in tutto il mondo. Anche se la popolazione globale dovesse – lungo il corso del prossimo secolo – restare stazionaria intorno a circa 7,5 miliardi di persone, Merck sarebbe comunque in grado di vendere più di cinque milioni di esemplari del farmaco. Vendendo ciascuno di questi a un prezzo pari ad almeno 500 $, Merck sarà in grado di recuperare i costi iniziali di sviluppo. Pertanto, Merck svilupperà il farmaco se sarà sicura di venderne almeno cinque milioni di unità al minor prezzo di 500 $.[7]

L'osservazione generale che abbiamo ricavato è che quanto più ampio è il numero di potenziali clienti, tanto più sarà probabile che un processo di produzione di un bene che richieda sostenuti costi iniziali sia redditizio e, pertanto, intrapreso. Quindi, le reti commerciali che attraversano il globo potranno promuovere la produzione e la commercializzazione di tanti beni e servizi che non

---

6 Il valore di 9,375 $ si ottiene dividendo 2.500.000.000 per 266.667 (quest'ultimo, a sua volta, è dato dal rapporto di 1 ogni 1.500, assumendo che la popolazione degli Stati Uniti sia di 400 milioni).

7 Nel proporre questo esempio, ho scelto di ignorare diversi fattori (quale, ad esempio, il dover scontare i futuri profitti attesi al tasso di interesse), che in realtà Merck avrebbe dovuto tenere in considerazione in aggiunta a quello rappresentato dalle dimensioni del mercato. Nessuno dei fattori che ho scelto di ignorare, però, incide sul significato e sulla portata dell'esempio fatto.

sarebbero prodotti e venduti in reti commerciali più ristrette, quali sono, ad esempio, quelle presenti nel territorio di una sola nazione.

CONCLUSIONI

Tutte le relazioni commerciali volontarie migliorano il benessere di ciascuno dei soggetti che vi prendono parte. Il mezzo più importante con cui il commercio assicura questo risultato è rappresentato dal fatto che promuove e incoraggia la specializzazione nella produzione e che, inoltre, favorisce l'automazione e l'innovazione. Di conseguenza, quanto più cresce la specializzazione, e l'automazione e l'innovazione procedono, tanto più il livello complessivo di beni e servizi disponibile *pro capite* salirà.

La specializzazione sarebbe impossibile in assenza di scambi commerciali (chi si fosse specializzato in carpenteria morirebbe di fame se non fosse in grado di scambiare i suoi servizi ottenendo cibo). E il commercio incoraggia e promuove un livello sempre più elevato di specializzazione, automazione e innovazione: la *condicio sine qua non* della nostra moderna prosperità.

I VANTAGGI COMPARATI (E NON SOLO)

Come abbiamo visto nel primo capitolo, Adam Smith ha mostrato come la specializzazione incrementi il livello complessivo di beni disponibile *pro capite* facendo sì, in alcuni casi, che ciascun lavoratore sia più produttivo e, in altri, che si realizzino processi produttivi che – richiedendo una minor manodopera – permettono ai lavoratori di dedicarsi alla produzione di beni e servizi che altrimenti non verrebbero realizzati.

C'è ancora un altro mezzo attraverso il quale la specializzazione rende disponibile un maggior numero di beni *pro capite*: un mezzo che non richiede né un mutamento nella produttività di ciascun lavoratore, né l'introduzione di processi produttivi che impieghino una minor manodopera. Si tratta della specializzazione secondo il vantaggio comparato di ciascun lavoratore.

IL COMMERCIO SPOSTA LA PRODUZIONE VERSO CHI HA UN COSTO OPPORTUNITÀ INFERIORE

La teoria dei vantaggi comparati è forse tra i più controintuitivi dei principali concetti economici. Sebbene una sua prima, abbozzata versione sia apparsa già nel testo di Robert Torrens *An Essay on the External Corn Trade* (1815), la sua scoperta è attribuita – e giustamente – a David Ricardo (1772-1823), il finanziere ed economista inglese degli inizi del XIX secolo. Ricardo ha introdotto il concetto in questione nel settimo capitolo ("Sul commercio estero") del suo influente trattato *Principi di economia politica e dell'imposta* (1817).

Ricardo ha impiegato un semplice esempio numerico con due paesi (Inghilterra e Portogallo) e due beni (vestiti e vino), per dimostrare che anche se i portoghesi avessero impiegato meno ore di lavoro, rispetto agli inglesi, per produrre sia i vestiti che il vino, comunque avrebbero tratto beneficio dallo specializzarsi nella produzione di vino, così da esportarlo in Inghilterra e scambiarlo per vestiti prodotti al di là della Manica. Il Portogallo avrebbe beneficiato di una tale specializzazione e di un tale commercio nel caso in cui il numero di vestiti non prodotti per ciascuna unità di vino realizzata sarebbe stato inferiore al numero di vestiti non prodotti per ciascuna unità di vino realizzata in Inghilterra.

Specializzandosi nell'industria vinicola, i cui costi sono comparativamente inferiori a quelli sopportati dagli inglesi, i portoghesi possono scambiare parte del loro prodotto con gli inglesi, in cambio di un numero di vestiti maggiore di quello che essi sarebbero stati in grado di confezionare, se si fossero occupati della produzione di vestiti in luogo del vino da esportazione.

Comprendere la teoria dei vantaggi comparati solo in forza di una spiegazione verbale è notoriamente complicato. Per questo, facciamo ricorso a un esempio numerico, con due individui – Tizio e Caio – in luogo di due paesi. Ho scelto di far riferimento a delle persone perché i vantaggi comparati rilevano a livello individuale; qualsiasi vantaggio comparato a livello di paese è soltanto un riflesso dei vantaggi comparati delle persone (o delle imprese) di quel dato paese.

Di seguito, elencherò le altre premesse che ho adottato, in aggiunta alla presenza di solo due individui. Ciascuna di queste premesse serve a rendere la spiegazione più chiara possibile e ognuna di esse potrebbe essere eliminata, senza per ciò compromettere la conclusione dell'analisi. Ecco, dunque, le premesse principali che saranno impiegate nella nostra analisi:

- la presenza di due soli individui: Tizio e Caio;

- l'esistenza di due soli beni che ciascuno di questi individui vuole consumare e, pertanto, deve procurarsi: pesci e banane;

- ciascun individuo rispetta gli altrui diritti di proprietà ed è disposto a onorare i propri impegni contrattuali;

- i pesci e le banane che si procura Tizio sono identici a quelli che si procura Caio;

- la frontiera delle possibilità produttive di ciascun individuo è "lineare". Questo vuol dire che la quantità di un bene (ad esempio, pesci) che ciascuna persona (ad esempio, Tizio) sacrifica per produrre un'unità ulteriore dell'altro bene (banane) è la stessa, a prescindere dalla quantità di pesci che Tizio sta producendo;

- quando Tizio e Caio si specializzano e commerciano, ciascuno di loro vuole continuare a consumare lo stesso numero di banane che consumava nel passato.

Se Tizio dovesse spendere tutto il suo tempo lavorativo raccogliendo banane, alla fine di ogni mese si ritroverebbe con cento banane, ma nessun pesce. Se, invece, dovesse spendere tutto il suo tempo lavorativo pescando, alla fine di ogni mese si ritroverebbe con duecento pesci, ma nessuna banana. Dal momento in cui abbiamo assunto la funzione di produzione come lineare, se Tizio dovesse dividere il proprio tempo lavorativo a metà tra i due diversi compiti, in un mese raccoglierebbe cinquanta banane e pescherebbe cento pesci. Se Caio dovesse spendere tutto il proprio tempo lavorativo raccogliendo banane, alla fine di ogni mese si ritroverebbe con cinquanta banane; se, invece, dovesse spendere tutto il proprio tempo pescando, si ritroverebbe con cinquanta pesci. La tabella 1 mostra la quantità massima di banane e di pesci che Tizio e Caio sono, singolarmente, in grado di ottenere, ogni mese.

Tabella 1: possibilità produttive		
	Caio	Tizio
Banane	50	100
Pesci	50	200

Se Tizio e Caio non dovessero commerciare tra di loro, potrebbero consumare solo quello che sono in grado di produrre. Immaginiamo che prima che abbiano luogo la specializzazione e lo scambio, Tizio e Caio avessero distribuito il proprio tempo lavorativo a metà tra la pesca e la raccolta di banane. La tabella 2 mostra l'ammontare di pesci e banane che Tizio e Caio, singolarmente, sono in grado di produrre *e consumare*, ogni mese.

Tabella 2: ammontare prodotto e consumato, prima della specializzazione e del commercio		
	Caio	Tizio
Banane	25	50
Pesci	25	100

Ora, Tizio incontra Caio e, dopo aver osservato la *routine* lavorativa di quest'ultimo, gli propone il seguente accordo: «Ti darò trentasette dei miei pesci, in cambio di venticinque delle tue banane». Caio accetta. Chi trarrà beneficio da questo scambio: solo uno dei due, nessuno o entrambi?

Ancora, per semplicità espositiva assumiamo che sia Tizio che Caio siano intenzionati a consumare la stessa identica quantità di banane, sia prima che dopo lo scambio commerciale. La tabella 3 mostra l'ammontare di banane e pesci che Tizio e Caio *produrranno*, singolarmente, in vista dello scambio commerciale. Si tenga in considerazione che Caio è specializzato nella raccolta di banane: egli vuole continuare a consumare venticinque banane per ogni mese, ma deve anche offrirne lo stesso numero a Tizio. Potrà raggiungere questo obiettivo solo impiegando tutto il suo tempo raccogliendo banane: pertanto, alla fine del mese, sarà in possesso di cinquanta banane, ma di nessun pesce.

Tabella 3: ammontare prodotto a seguito della specializzazione e del commercio		
	Caio	Tizio
Banane	50	25
Pesci	0	150

Tizio, sapendo che riceverà venticinque banane da Caio, potrà riconvertire parte del suo tempo lavorativo dalla raccolta di banane alla pesca. Grazie allo scambio commerciale, Tizio deve produrre solo la metà (venticinque) delle cinquanta banane che produceva prima. Essendo in grado di investire più tempo nella pesca, Tizio può ora catturare altri cinquanta pesci: in questo modo, il livello complessivo di pescato per ogni mese passerà da cento a centocinquanta.

Al momento dello scambio, secondo quanto si erano reciprocamente promessi, Tizio trasferirà a Caio trentasette pesci e Caio consegnerà a Tizio venticinque banane. La tabella 4 mostra l'ammontare di pesci e banane che Tizio e Caio *consumeranno*, singolarmente, dopo aver scambiato. Ciascuno di loro ha, a propria disposizione, lo stesso numero di banane che poteva consumare prima dello scambio, ma – ora – Tizio ha tredici pesci in più, mentre Caio dodici. Questa piccola società – chiamiamola Tiziocaiolandia – è più ricca, grazie a un totale di venticinque pesci in più!

Tabella 4: ammontare consumato a seguito della specializzazione e del commercio		
	Caio	Tizio
Banane	25	50
Pesci	37	113

Questa crescita nel livello complessivo dei beni disponibili non è dovuta al fatto che Tizio o Caio – o entrambi – abbiano depredato o "sfruttato" un terzo soggetto, dal momento che nel nostro esempio non c'è un terzo soggetto da depredare o "sfruttare". Né questa crescita della produzione e del consumo è il risultato di uno dei fattori identificati da Adam Smith: essa è dovuta, esclusivamente, al fatto che Tizio si sia specializzato nella pesca, mentre Caio abbia fatto lo stesso nella raccolta delle banane. Questo esito felice è stato reso possibile dal fatto che in questa società ciascuna persona si è concentrata maggiormente nella produzione del bene che è in grado di realizzare *comparativamente* in modo più efficiente: cioè, comparativamente più efficiente rispetto all'altra persona.

La prima impressione che si ricava guardando la tabella 1 è che Tizio sia migliore di Caio *tanto* nella pesca, *quanto* nella raccolta di banane. Dopo tutto, Tizio è in grado di ottenere, ogni mese, una maggiore quantità di questi beni, rispetto a quella a disposizione di Caio. Ma ecco che il prodigio della teoria dei vantaggi comparati ci consente di comprendere che quella prima impressione è errata. Ciò che importa, in termini economici, è quanto produrre ognuno di questi beni costi a Tizio, in confronto a quanto costi a Caio. E poiché – secondo le nostre premesse – gli unici due beni che tanto Tizio, quanto

Caio hanno interesse a consumare sono pesci e banane, il costo di produzione del primo bene andrà misurato nel numero di banane cui si è rinunciato, mentre il reciproco sarà vero per il secondo bene.

Così, quando *compariamo* il costo di produzione di una persona per uno di questi beni al costo di produzione dell'altra persona per lo stesso bene, noteremo che, mentre Tizio è in grado di ottenere una banana al costo di due pesci, Caio può ottenere una banana al costo di un solo pesce: tra i due, Caio è il produttore al minor costo di banane. Di converso, mentre per ogni unità ulteriore di pesce che Caio ottiene, egli avrà una banana in meno – cioè: per Caio, il costo di produzione di un pesce è una banana – Tizio sarà in grado di ottenere quella ulteriore unità di pesce, con solo metà banana in meno (il che vuol dire che, per Tizio, il costo di produzione di un pesce è pari a quello di metà banana). Tra i due, Caio è il fornitore al minor costo di banane, mentre Tizio è il fornitore al minor costo di pesce. Pertanto, diremo che Caio ha un vantaggio comparato rispetto a Tizio nella fornitura di banane, mentre Tizio avrà un vantaggio comparato rispetto a Caio nella fornitura di pesci.

Vista dalla prospettiva di ciascun individuo, Tizio sa che ogni pesce che cattura gli costa metà di una banana: per questo sarà disposto a vendere ciascuno dei suoi pesci a un qualsiasi prezzo che sia superiore a una mezza banana (nel nostro esempio, ha venduto trentasette pesci a Caio al prezzo di circa due terzi di una banana per pesce). Caio sa che ogni banana gli costa un pesce da produrre: per questo sarà disposto a vendere una banana a qualsiasi prezzo che sia superiore a un pesce per banana (nel nostro esempio, ha venduto venticinque banane al prezzo di circa un pesce e mezzo per banana).

Non c'è niente di speciale in questo particolare prezzo (cioè, in questo particolare rapporto di cambio di pesci per banane). Ogni prezzo per un pesce compreso tra metà e una intera banana produrrà un arricchimento, a mezzo dello scambio, sia per Tizio che per Caio.[1] La cosa che *conta* davvero è che ci sia almeno un prezzo – almeno un rapporto di cambio – che sia reciprocamente vantaggioso per entrambe le parti: e che questo prezzo – o una forbice di prezzi – esisterà solo se ci sarà un vantaggio comparato (in altre parole, se – per la produzione di ciascun bene – ciascuna persona ha un costo diverso da quello di un'altra).

Quando il fornitore al minor costo di pesci (Tizio) produrrà più pesci di quelli che ha intenzione di consumare – cioè: cattura pesci che venderà a Caio – quest'ultimo beneficia della maggior efficienza di Tizio nell'attività di pesca. Caio non può ottenere da sé un pesce al minor costo di una banana per ogni pesce, ma commerciando con Tizio può (secondo il nostro esempio) acquistare un pesce al costo di due terzi di una banana. Allo stesso modo, commerciando con Caio, Tizio beneficerà della maggior efficienza di quest'ultimo nella raccolta di banane. In sostanza, essendosi specializzati secondo i rispettivi vantaggi comparati, per poi commerciare tra di loro, Tizio e Caio hanno acconsentito a condividere con l'altra persona i frutti del proprio vantaggio comparato.

L'esempio fatto, ancorché rudimentale, rivela l'essenza della teoria dei vantaggi comparati: e, cioè, la reciproca-

---

1 Poiché ogni pesce costa a Tizio metà banana da produrre, questi non sarà disposto a vendere un pesce a un prezzo inferiore a metà banana. Poiché Caio può ottenere per sé un pesce al prezzo di una banana, egli non sarà disposto a comprare un pesce a un prezzo superiore a una banana.

mente vantaggiosa opportunità di specializzarsi e commerciare, che hanno due soggetti, ogni qualvolta il costo di produzione di uno stesso bene o di uno stesso servizio (desiderato da entrambi) sia, per ciascuno dei due soggetti, differente. Rendendo l'esempio più realistico, attraverso l'aggiunta di milioni di persone e milioni di beni e servizi (inclusi macchinari e altri beni strumentali) – non si farà altro che aumentare l'applicabilità e la portata della teoria in questione, dal momento che un più ampio numero di persone e prodotti equivale a maggiori possibilità di specializzazione e scambi mutualmente vantaggiosi.

Tabella 5: Tizio è migliorato nell'attività di pesca		
	Caio	Tizio
Banane	50	100
Pesci	50	300

METTIAMO INSIEME RICARDO E SMITH

Il vantaggio comparato si comprende, in modo più approfondito, attraverso una combinazione delle intuizioni di Adam Smith e David Ricardo. Ricordate che l'incremento di ricchezza di Tizio e Caio che abbiamo descritto prima non è stato determinato dal cambiamento delle modalità di produzione dei beni interessati, né ha visto l'introduzione di un qualche macchinario. Proviamo ora ad allargare uno di questi presupposti. In specie, immaginiamo – cosa non impossibile – che specializzandosi intensivamente nella pesca, le abilità di Tizio siano migliorate a tal punto per cui, spendendo tutto il proprio tempo lavorativo in questa attività, egli sia ora in grado di pescare non più duecento pesci per mese, ma trecento. La tabella 5 mostra le nuove possibilità produttive di Tizio e Caio.

Tizio, in tutta evidenza, è diventato più abile nella raccolta dei pesci. Tuttavia, si deve ricordare come gli economisti misurano questo miglioramento: in termini, cioè, del costo opportunità che Tizio deve sopportare per la produzione di ciascuna unità di prodotto. Prima che le sue abilità da pescatore migliorassero, ciascun pesce costava a Tizio una metà di una banana da produrre; ora, avendo raffinato le proprie abilità, ogni pesce catturato gli costa solo un terzo di una banana da produrre. Ma facciamo attenzione all'effetto che il decrescente costo di produzione di un pesce di Tizio ha sul suo costo di produzione di banane. Prima che le sue abilità da pescatore si perfezionassero, il costo di produzione di ogni banana era, per Tizio, pari a due pesci: tuttavia, ora, con il miglioramento della sua capacità produttiva, ogni banana che Tizio produce gli costa *tre* pesci. Ciò è dovuto al fatto che *poiché* Tizio è in grado di produrre più pesci nello stesso lasso di tempo, la quantità di questo bene, cui egli rinuncia quando spende tempo nella raccolta di banane, è maggiore rispetto al passato.

In breve, una volta diventato un più abile produttore di pesce, Tizio si è scoperto – *in termini economici* – un peggiore produttore di banane. In modo ancora più sorprendente, la rinnovata capacità produttiva nella pesca di Tizio ha avuto l'effetto di migliorare, in paragone, anche la capacità produttiva di Caio nel caso delle banane: nel passato, Caio era in grado di produrre banane alla metà del costo sopportato da Tizio, mentre ora – con quest'ultimo diventato più efficiente nella pesca – può farlo a un terzo del costo incontrato dalla controparte. Vale la pena ribadire questo incredibile fatto: incrementando la propria efficienza nell'attività della pesca, Tizio ha reso – rispetto a prima – Caio un produttore più efficiente di banane, benché non si sia registrato alcun cambiamento nella capacità produttiva di quest'ultimo, sia nel caso della pesca che in quello della raccolta di banane.

Da ciò segue che Caio, almeno potenzialmente, ha guadagnato dal fatto che Tizio sia diventato un pescatore più efficiente. Per comprendere come ciò sia stato possibile, ricordate che, nel passato, il costo di produzione di una banana per Caio era la metà di quello di Tizio; ma ora che la migliorata capacità produttiva di Tizio gli ha reso più oneroso produrre banane (da due a tre pesci per banana), il costo di produzione di banane per Caio – rimasto immutato: un pesce per ogni banana – è passato dalla metà a un terzo rispetto a quello sostenuto da Tizio.

Il potenziale guadagno che Caio può ottenere dall'incremento di efficienza di Tizio nell'attività di pesca è dato dal fatto che quest'ultimo – a differenza del passato – sarà disposto a vendere il pesce a un prezzo inferiore a metà banana (ma non inferiore a un terzo di una banana). Con la giusta dose di potere contrattuale, Caio può ora convincere Tizio a trasferirgli – per lo stesso ammontare di banane – una quantità maggiore di pesce rispetto al passato.

In un esempio in cui figurano solo due persone, la misura della condivisione dei frutti che vengono dallo scambio – cioè quale porzione dei benefici generati dallo scambio va a un soggetto e quale va all'altro – è determinata soltanto dal potere contrattuale. Più Tizio sarà abile nel contrattare rispetto a Caio e maggiore sarà la quota di ricchezza che sarà in grado di conservare per sé (e, dunque, minore sarà la quota di cui godrà Caio). Ciononostante, non va dimenticato che finché Tizio si specializza secondo il suo vantaggio comparato, per poi commerciare, ci saranno benefici reciproci per le parti coinvolte nello scambio. Per quanto piccola sarà la quota di benefici che riceverà, Caio sarà comunque più ricco di quanto sarebbe stato se non avesse commerciato. Adottando una diversa visuale, si può dire che Tizio, per quanto abile nel contrattare, non riuscirà a convincere Caio a specializzarsi e commerciare in un modo in cui quest'ultimo risulterebbe più povero o, semplicemente, non guadagnerebbe nulla.

Nella realtà del mondo moderno – un mondo in cui ogni bene e servizio è prodotto e venduto da diversi fornitori – la quota di benefici derivanti dalla specializzazione e dal commercio è determinata dalla concorrenza. Ovviamente, dopo aver migliorato la propria capacità produttiva, Tizio vorrebbe continuare a sfruttare tutti i benefici del suo miglioramento, vendendo a Caio il pesce allo stesso prezzo del passato: ogni pesce per due terzi di una banana. Ma se Tizio dovesse affrontare la concorrenza di altri fornitori di pesci, in grado di produrre lo stesso bene a un costo inferiore di due terzi di una banana (per ogni pesce prodotto), è probabile che ciò lo spingerebbe ad abbassare i suoi prezzi. Mentre prima del perfezionamento della sua capacità produttiva, Tizio non avrebbe portato i propri prezzi al di sotto della soglia di metà banana per ciascun pesce, ora che le sue abilità da pescatore sono migliorate, potrebbe essere disposto – se obbligato dalla pressione concorrenziale – a ridurre i suoi prezzi al di sotto di un terzo di banana per pesce. E se ci dovessero essere abbastanza persone specializzate nel settore della pesca, con abilità paragonabili a quelle di Tizio, allora la competizione per le banane di Caio potrebbe spingere Tizio a condividere una parte maggiore dei benefici del suo incremento di capacità produttiva con Caio (e con gli altri acquirenti di pesci).

I CONFINI NAZIONALI SONO IRRILEVANTI RISPETTO AI BENEFICI CHE VENGONO DALLO SCAMBIO COMMERCIALE

Una volta messe insieme, le spiegazioni fornite da Smith e Ricardo sul perché le persone si specializzano e commerciano costituiscono una straordinaria giustificazione per una politica in favore del libero scambio. Un governo promuove una linea politica simile ogni qualvolta non discrimina – *pro* o contro – beni e servizi sulla base della giurisdizione politica in cui quei beni e servizi vengono prodotti o venduti.

Difatti, le argomentazioni economiche in favore del libero scambio possono essere correttamente sintetizzate nella dimostrazione che i confini politici non hanno alcun valore in termini economici. Qualsiasi beneficio si produce tra due concittadini che commerciano tra di loro sorge anche tra due stranieri che commerciano tra di loro; qualsiasi danno – effettivo o immaginario – che subiscono due concittadini che commerciano tra di loro, sorge anche tra stranieri che commerciano tra di loro. Un confine politico non altera in alcun modo la natura o le conseguenze dello scambio commerciale.

Tra gli errori più frequentemente commessi da coloro i quali si oppongono al libero scambio c'è quello di identificare la perdita dei lavori o la chiusura delle attività commerciali come risultato del commercio con l'estero, come se un simile effetto negativo si verificasse solo in quest'ultimo caso. Ma così non è. *Ogni volta* che i consumatori decidono di spendere i propri soldi in modo diverso, ci saranno attività commerciali che prospereranno e posti di lavori che verranno creati, così come ci saranno attività commerciali che soffriranno e posti di lavoro che spariranno. *Ogni volta* che una nuova materia prima viene scoperta, *ogni volta* che un imprenditore introduce un nuovo prodotto o un nuovo metodo di produzione o commercializzazione, *ogni volta* che c'è un cambiamento nel sistema economico, le fortune economiche di alcuni cresceranno, mentre quelle di altri caleranno.

Un piccolo esempio sarà d'aiuto. Alla fine degli anni '90, negli Stati Uniti, la dieta Atkins divenne assai popolare. Le persone che intrapresero questo regime dietetico assumevano meno carboidrati e più proteine. Non appena questa dieta diventò di moda, un famoso negozio di ciambelle americano (*Krispy Kreme*) chiuse alcuni dei suoi punti vendita, dando la colpa di ciò – e a ragione – alla dieta Atkins. In molti persero il proprio lavoro di produttori e venditori di ciambelle non a causa di un aumento delle importazioni, ma soltanto perché le abitudini alimentari degli americani erano cambiate. Eppure, qualunque difficoltà, ansia e disagio economico subiti da chi ha perso il proprio lavoro a causa della scelta dei suoi concittadini di preferire i beni importati, sono gli stessi provati da chi ha perso il proprio lavoro a causa del cambiamento delle preferenze dei consumatori che non ha nulla da spartire con il commercio internazionale.

In altre parole, se la competizione economica è un bene quando si realizza tra imprese rivali ma presenti sullo stesso territorio nazionale, è giocoforza concludere che la competizione economica sia ugualmente positiva quando avverrà tra compagnie rivali ma ubicate su differenti territori nazionali. Questa osservazione mette in luce un altro vantaggio del libero scambio internazionale: rende possibile il livello più alto possibile di concorrenza. Anche se i consumatori di un dato paese non dovessero acquistare alcun bene da un paese o un'impresa esteri, in ogni caso la loro libertà di farlo rappresenterà un ulteriore incentivo per i fornitori interni a prestare attenzione alle richieste dei consumatori, tenendo bassi i prezzi o alta la qualità dei prodotti.

Qui c'è un altro vantaggio di una decisa politica in favore del libero scambio: scoraggia lo spreco di risorse da impiegare nella ricerca di trattamenti di favore. Se gli imprenditori dovessero ritenere di avere una buona possibilità di ricevere privilegi particolari dal governo – quali, ad esempio, imposte punitive sui consumatori che dovessero acquistare beni dai concorrenti stranieri – allora essi investirebbero tempo e risorse nella ricerca di questi privilegi. E più il governo dovesse essere disposto a concederli e più grande sarebbe il totale di tempo e risorse speso in questo senso.

Questo tipo di spesa, che è redditizia per le imprese che riescono ad assicurarsi quel trattamento di favore, è una perdita netta per la società. In primo luogo, ciò è dovuto al fatto che queste spese sono finalizzate a inflazionare i profitti di chi chiede privilegi particolari, creando una scarsità artificiale che riduce la prosperità altrui. In secondo luogo, ciò è dovuto al fatto che questo uso delle risorse finisce per sottrarle ad altri e più produttivi impieghi. L'imprenditrice di Manchester che spende il proprio tempo a Londra chiedendo protezione dalla concorrenza, non sta usando quel tempo per assicurarsi che la propria impresa stia operando nel modo più efficiente possibile. L'avvocato assunto da un'industria per richiedere l'introduzione dei dazi non sta impiegando il suo tempo e le sue competenze legali per assistere le imprese nella scrittura di contratti più puntuali o per aiutare i clienti nelle trattative per l'acquisto di immobili. Queste perdite di risultati produttivi sono reali. Queste perdite – che gli economisti definiscono *rent-seeking waste* – diminuiranno quando diminuirà la predisposizione del governo a concedere dazi e altri privilegi particolari.

COMMERCIO E POSTI DI LAVORO

Nessuna critica al libero scambio è più comune di quella secondo la quale più importazioni porterebbero a un livello costantemente maggiore di disoccupazione. Al libero scambio si fanno anche diverse altre contestazioni, ma nessuna di queste riesce anche solo ad avvicinarsi a quella per cui le importazioni provocano disoccupazione nell'alimentare i timori che le persone comuni hanno quando si discorre di commercio con l'estero.

L'asserzione per cui un maggior livello di importazioni equivale a un maggior livello di disoccupazione è semplice e, come vedremo, semplicistica: essa prende avvio dalla corretta osservazione per cui, poiché l'acquisto di beni importati si traduce nel mancato acquisto di beni o servizi prodotti nell'economia interna, quei cittadini che sarebbero stati altrimenti interessati dalla produzione di questi particolari beni e servizi risultano non impiegati. Questa asserzione, però, si spinge troppo in là, quando conclude – errando – che le importazioni promuovono una duratura disoccupazione interna.

Mentre è vero che le importazioni spesso distruggono particolari lavori, o impediscono che particolari lavori vengano creati, non è altrettanto vero che le importazioni producono una disoccupazione duratura. Poiché gli esseri umani non sono automi con un unico obiettivo, ciascuno progettato e programmato per eseguire un solo compito, la distruzione di una particolare mansione professionale non condanna il lavoratore, che una volta la svolgeva, a uno stato di disoccupazione permanente.

Per dimostrare perché le importazioni non hanno questo effetto, dobbiamo fare un passo indietro, così da avere una più ampia e completa visuale del quadro delle attività economiche, di cui fanno parte le importazioni e la perdita di un particolare tipo di lavoro. Immaginiamo, per esempio, il caso dell'importazione di mele americane nel Regno Unito.

Immaginiamo che Tizio sia un commerciante inglese e che acquisti, dagli Stati Uniti, mele per un controvalore di un milione di sterline: questo perché egli è convinto che sia più conveniente acquistare mele dagli Stati Uniti, anziché dai fornitori locali. Assumendo che la qualità delle mele americane sia la stessa di quelle inglesi, il prezzo per ciascuna mela americana dovrà essere inferiore a quello di una mela inglese. Pertanto, Tizio si aspetta di ricavare un profitto maggiore dalla vendita di queste mele americane nel proprio supermercato, rispetto a quanto avrebbe guadagnato se avesse venduto mele inglesi per un controvalore di un milione di sterline.

L'avversario del libero scambio vede in questa compravendita il mancato acquisto della mela inglese e, dunque, la minor occupazione per quei cittadini che lavorano, o avrebbero lavorato, in un meleto inglese. Ma è ben più ampio e importante ciò che l'avversario del libero scambio *non* vede.

Un'importante conseguenza di questo scambio è il destino del milione di sterline speso per acquistare le mele importate. Cosa farà l'esportatore americano con questa somma di denaro? Le sterline, come tali, non possono essere spese negli Stati Uniti. L'uso più ovvio che un americano ne farà sarà usarle per comprare beni inglesi per il medesimo valore: e l'esportatore americano potrebbe fare proprio questo. In verità, però, è più probabile che l'esportatore di mele americano non abbia alcun interesse ad acquistare alcunché nel Regno Unito: tuttavia, l'aver accettato quel milione di sterline in cambio delle sue mele ci suggerisce che egli conosca qualcuno – in possesso di dollari americani – che voglia spendere almeno quella stessa somma di denaro nel Regno Unito. E questo qualcuno potrebbe essere una banca americana.

L'esportatore di mele americane scambierà il proprio milione di sterline per l'equivalente in dollari americani. L'unica ragione per cui una banca americana sarà disposta ad acconsentire a questa conversione di valuta sarà data dal fatto che uno dei suoi clienti vorrà entrare in possesso – e sarà disposto a pagare per questo – di almeno un milione di sterline.

Ma l'unica ragione per cui un americano vorrebbe delle sterline è per usare questa moneta per acquistare qualcosa nel Regno Unito. Immaginiamo che uno dei clienti della banca sia un importatore di birra, che vuole acquistare birra inglese per un controvalore di un milione di dollari. Questo importatore, dapprima, userà i dollari per acquistare il milione di sterline in possesso della banca americana e, poi, userà questa somma per acquistare la birra dal Regno Unito.

Il milione di sterline originariamente speso nel Regno Unito per acquistare mele americane, in questo esempio, è tornato indietro per acquistare birra inglese. In altre parole, il milione di sterline non speso in mele inglesi è stato, infine, speso in birra inglese. Pertanto, benché l'acquisto di mele importate abbia avuto un effetto negativo sull'occupazione nei meleti inglesi, ne ha prodotto uno positivo sull'occupazione nell'industria birraria. In breve, gli inglesi hanno comprato le mele americane con la propria birra artigianale e gli americani hanno comprato birra inglese con le proprie mele.

Questo esempio, ancorché ipotetico e semplice, rivela una verità essenziale sullo scambio: esso non ha alcun effetto di lunga durata sul livello dell'occupazione complessiva. Al contrario, lo scambio *altera la distribuzione* dei lavori: il commercio *sposta* l'occupazione da alcune industrie e imprese domestiche (cioè, quelle che producono beni e servizi che possono anche essere importati) ad altre industrie e imprese sempre domestiche. Questo movimento nell'occupazione – che è la riallocazione, prodotta dallo scambio, delle opportunità di produzione e impiego nell'economia domestica – è un gioco a somma positiva. I nuovi lavori sono generalmente pagati di più rispetto ai precedenti. Ciò è dovuto al fatto che il commercio permette alle industrie che godono di un vantaggio comparato di espandersi e obbligare coloro che hanno uno svantaggio comparato a ridurre le proprie dimensioni: il che, in altre parole, significa che le industrie che usano i fattori di produzione (compreso il lavoro) in modo più produttivo si espandono, mentre quelli che usano quei fattori in modo meno produttivo si restringono.

Gli economisti spesso affermano che le imprese e le industrie domestiche verso cui vengono riallocati i posti di lavoro per effetto degli scambi commerciali siano le imprese esportatrici. Questa affermazione è vera solo in parte. È vero che più un paese importa e più esso esporterà. Più importazioni, quindi, porteranno a un maggior numero di occupati in imprese e industrie che producono beni e servizi destinati all'esportazione. Ma queste ultime non sono le sole in cui l'occupazione riceve una spinta positiva dal commercio. Poiché le importazioni spingono verso il basso i prezzi per cui i consumatori devono pagare, questi hanno a disposizione più soldi da usare per altri beni e servizi. Per esempio, i soldi che i consumatori hanno risparmiato acquistando scarpe meno costose e importate potrebbero essere spesi in un ristorante. L'importazione di scarpe, pertanto, ha l'effetto di aumentare l'occupazione nell'industria domestica culinaria, benché quest'ultima non sia una di quelle esportatrici.

Un altro mezzo attraverso il quale il commercio crea occupazione in imprese e industrie non necessariamente esportatrici è dato dal fatto che abbassa i prezzi dei fattori di produzione impiegati nell'economia interna. Per esempio, l'importazione di acciaio o altri materiali da costruzione potrebbe, forse, abbassare i costi di avvio e funzionamento dei cinema. La concorrenza tra cinema avrà l'effetto di traslare questi risparmi di spesa nei biglietti venduti a un minor prezzo. Il conseguente aumento di proiezioni avrà l'effetto di creare ulteriori posti di lavori nell'impresa (non esportatrice) di intrattenimento locale.

Benché l'esempio appena fatto preveda soltanto due paesi, il suo significato non cambia se altri paesi vengono aggiunti al quadro. La conclusione rimane la stessa: i soldi spesi nelle importazioni ritornano nell'economia domestica in forma di richiesta per beni e servizi prodotti localmente.

Per esempio, adottiamo l'ipotesi estrema in cui nessun americano voglia, in nessun caso, comprare nulla dal Regno Unito. In un primo momento, potrebbe sembrare che la perdita totale di interesse degli americani nei confronti di beni e servizi inglesi dissuaderà i coltivatori d'oltreoceano dall'esportare le proprie mele nel Regno Unito. Del resto, se nessun americano – inclusi i produttori di mele – vuole acquistare qualcosa dal Regno Unito, che uso è possibile fare delle sterline? A una riflessione più attenta, però, ci si accorgerà che se c'è qualcuno che in un paese terzo – ad esempio, il Canada – voglia acquistare beni e servizi dal Regno Unito, allora un produttore di mele americano potrebbe essere disposto a scambiare le proprie mele per sterline inglesi, nel caso in cui egli – o qualche altro americano – voglia acquistare beni e servizi dal Canada. In questo esempio, i produttori di mele americani esporteranno il proprio prodotto nel Regno Unito e accetteranno, come pagamento, le sterline, per poi usare queste ultime per acquistare (ad esempio) legname dal Canada: e i canadesi accetteranno le sterline come pagamento per il loro legname da esportazione perché desiderano comprare (per esempio) birra inglese.

Il punto essenziale è che finché ci sono alcuni *stranieri*, a prescindere dalla loro nazionalità o dal loro paese di residenza, che vogliono acquistare beni e servizi forniti dai produttori di un altro paese, ci sarà sempre una domanda estera per le esportazioni proprie di quest'ultima economia interna. Questo particolare tipo di domanda non deve provenire dal paese che importa in quell'economia locale.

Più in generale, visto dalla prospettiva di ciascun paese, il resto del mondo è, semplicemente, il resto del mondo. Così come un individuo non si aspetta di vendere, a ciascuna delle controparti con cui abbia contrattato, lo stesso ammontare di beni e servizi acquistato da ognuno di questi individui, così un gruppo di persone considerato come una sola nazione non dovrebbe aspettarsi di esportare, verso ciascuno dei paesi con cui abbia contrattato, lo stesso ammontare di beni e servizi importato da ognuno di questi paesi. Ciò che interessa a ogni individuo è quanto compra, in totale, da altri, e quanto vende (solitamente la propria forza lavoro), in totale, ad altri, senza che la particolare identità del compratore o del venditore rivesta una qualche importanza. Allo stesso modo, ciò che interessa a un gruppo di persone considerato come una sola nazione è quanto compra, in totale, da altri paesi, e quanto vende, in totale, ad altri paesi, senza che la particolare identità del compratore o del venditore rivesta una qualche importanza.

È RAGIONEVOLE PRESUPPORRE
UN MERCATO DEL LAVORO FLESSIBILE

La conclusione per cui il commercio non riduce il numero complessivo di posti di lavoro si fonda su diversi presupposti, che possono verificarsi o no, a seconda del paese in questione. Il più importante di questi presupposti è che il mercato del lavoro sia ragionevolmente efficiente e flessibile: il che, in altre parole, significa che i lavoratori sono, solitamente, in grado di spostarsi verso altre occupazioni; che i datori di lavoro sono, solitamente, liberi di allargare il proprio business e di competere per assicurarsi le prestazioni professionali altrui; che gli stipendi sono un riflesso dell'equilibrio che si forma, nel tempo, tra la domanda e l'offerta per un dato tipo di mansione professionale.[1]

Se il mercato del lavoro è gravato da barriere che impediscono la creazione di nuovi lavori – barriere quali, ad esempio, licenze professionali o regole sindacali che limitino l'accesso a una data mansione solo ai prestatori di lavoro sindacalizzati – chi dovesse perdere il proprio po-

---

1 Altri due presupposti meritano di essere ricordati. Il primo è che il paese non deve trovarsi nel mezzo di una recessione economica. Il secondo è che le forme di assistenza sociale in caso di disoccupazione non siano così generose da incoraggiare chi abbia perso il proprio lavoro a smettere di cercarne uno diverso.

sto a causa delle importazioni incontrerà maggiori difficoltà nel trovarne uno nuovo. Allo stesso modo, e nel caso in cui agli stipendi sia impedito di scendere, così da riflettere la maggiore offerta di un particolare tipo di lavoro, chi dovesse perdere il proprio posto a causa delle importazioni incontrerà maggiori difficoltà nel trovarne uno altrove.

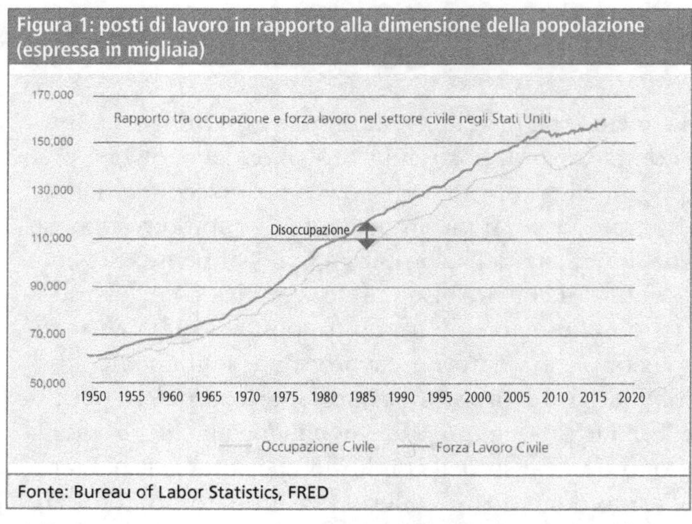

Nella figura 1, ciò che vediamo è che l'incremento di più del 150% nelle dimensioni della forza lavoro americana, a partire dal 1950, ha fatto il paio con un aumento di dimensioni analoghe nel numero di posti di lavoro americani (la distanza verticale che corre tra le due linee è il tasso di disoccupazione). Questi dati dimostrano, in modo convincente, la validità del ragionamento che gli economisti fanno rispetto al fatto che il numero di posti di lavoro in un'economia di mercato, nel lungo periodo, è determinato in modo preponderante dalla dimensione della forza lavoro e non, quindi, dalle politiche commerciali.

Gli economisti fanno bene, *quando discorrono di commercio*, a presupporre che il mercato del lavoro sarà efficiente e flessibile al punto sufficiente per cui i lavoratori che dovessero finire disoccupati potranno, infine, trovare una nuova occupazione. Questo perché un simile assunto descrive, in modo abbastanza accurato, la realtà dei paesi del primo mondo, perlomeno sul lungo periodo. Nuove imprese – con nuove opportunità professionali – vengono avviate. I lavoratori cambiano, spesso e volentieri, occupazione. Gli stipendi e le altre condizioni di lavoro possono variare (e variano) in modo da riflettere i cambiamenti nella domanda e nell'offerta per i vari tipi di mansione lavorativa.

Una seconda giustificazione posta a fondamento dell'assunto per cui il mercato del lavoro sarà ragionevolmente efficiente e flessibile è data dal fatto che, quando si discute di scambi e politiche commerciali, si devono distinguere – per quanto possibile – gli effetti degli scambi da quelli da questi indipendenti. Se, per esempio, il mercato del lavoro di un dato paese dovesse essere così gravato da ostacoli governativi alla creazione di nuovi posti di lavoro – al punto per cui i lavoratori che dovessero essersi ritrovati disoccupati a causa delle importazioni, sarebbero destinati a restare tali – dovremmo rivolgere le nostre critiche al commercio o agli ostacoli? Sebbene la scelta tra questi due estremi potrebbe sembrare accademica e irrilevante, così non è. Se le persone comprendono che il cambiamento nei flussi commerciali non produce, di per sé, una diminuzione permanente nel livello occupazionale quando il mercato del lavoro è flessibile, una disoccupazione di lungo periodo, che dovesse coincidere con un aumento delle importazioni, sarebbe correttamente intesa come causata dagli interventi governativi nel mercato del lavoro, e non dagli scambi commerciali. La pressione dell'opinione pubblica si indirizzerebbe, allora, verso l'eliminazione di questi ostacoli: ciò non accadrebbe nel caso in cui il livello di disoccupazione osservato fosse, in modo errato, imputato agli scambi commerciali.

Un modo forse migliore per comprendere questo punto è riconoscere che un mercato del lavoro inefficiente e rigido è un male, a prescindere dal particolare motivo per cui si perda il proprio posto di lavoro. Se il mercato del lavoro non funziona bene, quei lavoratori che si dovessero ritrovare disoccupati perché (ad esempio) i consumatori hanno scelto di comprare meno pane e più pesce, si ritroverebbero colpiti in modo né minore né meno doloroso di quei lavoratori che dovessero ritrovarsi disoccupati a causa di un maggior livello di importazioni. Presupponendo, quando si discorre di scambi commerciali, che il mercato del lavoro funzioni in modo ragionevolmente positivo, siamo meno inclini a imputare al commercio quelle conseguenze che vanno, più appropriatamente, ricondotte ad altre cause.

In breve, per comprendere cause e conseguenze degli scambi e delle politiche commerciali, è opportuno tenerle distinte da quei mutamenti economici o da quelle politiche economiche con cui, presumibilmente, non hanno nulla da spartire.

I POSTI DI LAVORO NON SONO AFFETTI DA SCARSITÀ

Se il mercato del lavoro funziona ragionevolmente bene, un aumento dell'offerta per un dato tipo di mansione professionale realizzerà, almeno inizialmente, una spinta verso il basso degli stipendi e, pertanto, incoraggerà l'assunzione di più persone disposte a impegnarsi in quella data occupazione. Allo stesso modo, l'aumento della disponibilità in questo senso spingerà i datori di lavoro a trovare delle occupazioni redditizie per questi lavoratori. Le persone disposte e in grado di lavorare sono, del resto, risorse produttive, e una delle funzioni principali proprie dell'imprenditorialità è quella di trovare vie per impiegare, in modo redditizio, queste risorse. Ancora una volta, la conclusione è che il livello globale di occupazione, nel lungo periodo, non è determinato dal volume degli scambi e, invece, dipende dalla dimensione della forza lavoro, in combinazione con l'efficienza del mercato del lavoro.

Questa conclusione è in chiara contrapposizione con la cosiddetta *lump of labour fallacy*, l'idea per cui esiste, in un determinato contesto economico, una data quantità di lavoro da svolgere e che un dato numero di posti lavori sia necessario per realizzarla. Nonostante l'imprudente asserzione di alcuni fautori del libero scambio, la *lump of labour fallacy* non ha come conseguenza necessaria la conclusione per cui un maggior numero di importazioni causerebbe la diminuzione dei posti di lavoro nell'economia domestica. Come abbiamo già visto, se un maggior numero di importazioni di mele dagli Stati Uniti porta con sé una maggiore esportazione verso questo paese di birra, il numero di posti di lavoro nell'altra economia, e in quella americana, rimarrà identico. L'effetto dello scambio commerciale sarà dato dal fatto che alcuni lavori nei meleti inglesi saranno stati sostituiti da lavori nell'industria birraria, mentre negli Stati Uniti si sarà registrato l'esito inverso.[2]

---

2 Sebbene la *lump of labour fallacy* non abbia come conseguenza logica quella per cui le importazioni causerebbero maggiore disoccupazione, essa *sottintende* che l'adozione di una tecnologia che richieda minor manodopera porterà a una maggiore

Nonostante ciò, chi è convinto della bontà della *lump of labour fallacy* è tendenzialmente sospettoso quando si tratta delle importazioni. Egli pensa al numero dei posti di lavoro come a un numero fisso e svincolato dal contesto economico, anziché come determinato e condizionato da quest'ultimo; immagina che i posti di lavoro vengano creati indipendentemente dal contesto economico ed esistano indipendentemente dal numero dei lavoratori, dalle condizioni del mercato del lavoro o del quadro macroeconomico, e di tutte le altre istituzioni e degli innumerevoli dettagli che fondano il contesto economico. In questa visione fallace, la distruzione di una singola occupazione professionale non fa parte di un processo che porterà alla creazione di un diverso posto di lavoro. Quindi, anche se la *lump of labour fallacy* non porta con sé necessariamente l'idea che un maggiore livello di importazioni avrà come conseguenza una maggiore disoccupazione, chi aderisce a questa visione del mondo penserà al venire meno di una particolare mansione professionale come a una disgrazia senza alcun risvolto positivo.

Nonostante il troppo comune equivoco, i posti di lavoro non sono affetti da scarsità. O, per dirla in maniera differente, lo sono solo nella misura in cui i desideri umani sono "scarsi". Finché ci saranno desideri umani non soddisfatti, ci saranno lavori da svolgere (cioè, lavori per meglio soddisfare quei desideri non ancora del tutto appagati). Questi smetteranno di esistere solo e quando l'umanità avrà raggiunto la condizione in cui ogni possibile suo desiderio sia stato completamente soddisfatto:

---

disoccupazione. Se, per esempio, camion senza conducenti dovessero rendere inutile il lavoro dell'autotrasportatore, allora – se la *lump of labour fallacy* fosse vera – la conseguente disoccupazione sarebbe definitiva.

ma, ovviamente, in una situazione simile – paradisiaca – nessuno avrebbe bisogno di o vorrà un lavoro, perché saremmo tutti sicuramente ricchi, oltre ogni immaginazione.

La sfida vera, quindi, non è quella di inventare lavori da svolgere: questi ultimi, poiché le mancanze e i desideri umani sono quasi illimitati, sono – e lo saranno per sempre – più che abbondanti. La vera sfida è, invece, quella di far sì che ciascuna persona sia in grado di lavorare nel modo in cui può soddisfare più desideri umani possibili, inclusi i suoi. Per centrare questo obiettivo è necessario evitare di sprecare risorse scarse, compresi gli sforzi individuali: è necessario, finché possibile, riallocare questi fattori produttivi verso la soddisfazione dei desideri più urgenti e, di converso, allontanarli dall'appagamento dei desideri meno immediati. E poiché il costo della realizzazione di alcuni desideri è dato dalla mancata realizzazione di altri, questo obiettivo implica ovviamente l'urgenza di evitare di impiegare le risorse scarse e la forza lavoro più del minimo necessario per soddisfare un dato desiderio. Se dovessimo impiegare le risorse e la forza lavoro più del necessario per appagare un singolo desiderio, finiremmo per rinunciare a conseguire la realizzazione di altri desideri che avremmo potuto – ma non abbiamo – soddisfatto. In breve, ci ritroveremmo più poveri di quanto saremmo altrimenti stati.

Da questo punto di vista, dazi e altri tipi di interventi governativi che proteggono in maniera artificiale alcuni lavori dall'essere sostituiti dalle forze di un mercato concorrenziale impediscono a noi consumatori di soddisfare quanti più dei nostri desideri sarebbe possibile.

DEFICIT COMMERCIALI

Nel capitolo precedente, abbiamo visto come le importazioni non riducono il livello complessivo di occupazione. Uno dei motivi principali per cui ciò accade è che il denaro speso in importazioni ritorna nell'economia interna sotto forma di richiesta, da parte degli esportatori esteri ora in possesso di quel denaro, per beni e servizi prodotti localmente. Ma cosa succede se quel denaro non dovesse tornare?

Il timore che ciò accada nutre ancora molto del sostegno per il protezionismo. Eppure, questo timore è infondato. Nessun tipo di lavoro (o un segmento di esso che produca beni da scambiare sul mercato), in fin dei conti, riceve *denaro*. Il denaro è un mezzo di scambio. Le persone lo accettano in pagamento solo perché vogliono – e si aspettano – di poterlo impiegare per acquistare beni e servizi per i bisogni propri e della propria famiglia.

Ovviamente, questo suo impiego non si realizza – salvo rare occasioni – immediatamente dopo che il denaro sia stato ricevuto. Ciascuno di noi conserva i propri soldi finché non raggiunge un accordo abbastanza conveniente da giustificarne l'utilizzo. Ancor di più, molti tra noi risparmiano, il che, solitamente, vuol dire che oggi compriamo beni e servizi non per il consumo immediato, ma sul presupposto per cui il loro valore crescerà durante il periodo in cui saranno nella nostra disponibilità. Quando risparmiamo, rinviamo il momento della consumazione nella speranza e nell'attesa di veder crescere la quantità di cui, un giorno, potremo godere.

Gli stranieri che ricevono il nostro denaro, quando acquistiamo le loro esportazioni, si comportano in modo analogo. Oltre a spendere, correntemente, parte dei loro guadagni per acquistare le nostre esportazioni, essi ne trattengono una parte in forma di denaro contante e ne spendono un'altra parte per acquistare *asset* denominati nella nostra valuta. Quando gli stranieri, correntemente (ad esempio, nel corso di un mese), comprano meno delle nostre esportazioni, rispetto a quanto noi acquistiamo delle loro esportazioni, il nostro paese si trova in una situazione di "deficit commerciale".

Di seguito, userò il termine "deficit commerciale" (o "surplus commerciale") come sinonimo di "deficit delle partite correnti" (o "surplus delle partite correnti"). Benché i più pignoli metteranno in risalto il fatto che esiste una differenza tecnica tra il deficit commerciale e il deficit delle partite correnti, questa differenza, per quanto di nostro interesse, è minima e può essere ignorata. Di solito, quando il termine "deficit commerciale" è usato nel linguaggio comune e in quello politico, esso significa sempre l'eccesso delle importazioni in un paese (misurate in valore monetario) rispetto alle esportazioni da quel paese. Questo eccesso è uno dei fattori che contribuisce maggiormente al deficit che il paese ha sul conto corrente (cioè il conto in cui vengono registrati i valori di tutte le importazioni e le esportazioni). Eppure, a prescindere dal nome usato – che sia "deficit delle partite correnti" o il più comune "deficit commerciale" – non esiste altro concetto nella teoria economica che sia causa di un tale equivoco, di una simile confusione e di così gravi errori politici.

Come ora vedremo, un paese che sia in una situazione di deficit commerciale non soffre alcun danno nei suoi traffici commerciali e nei risultati di questi. Né un deficit commerciale indica relazioni commerciali internazionali "squilibrate". E, neanche, il deficit commerciale è chiara evidenza di una situazione economica in crisi, di pratiche e politiche economiche imprudenti, o di tattiche commerciali straniere "scorrette". Ciononostante, in troppi, quando vengono informati che il proprio paese è in una situazione di deficit commerciale, saltano alla errata conclusione per cui c'è qualcosa che non va o con la propria economia interna o con le relazioni commerciali con altri paesi (o con entrambe le alternative). E i politici – sempre alla ricerca di giustificazioni per esercitare maggior potere sui propri concittadini – usano il sostegno pubblico a questa errata conclusione come pretesto per ostacolare il commercio.

IL DEFICIT DELLE PARTITE CORRENTI CORRISPONDE
A UN SURPLUS DELLE PARTITE CORRENTI, E VICEVERSA

Non è difficile capire cosa sono i deficit commerciali, o, più in generale, la bilancia dei pagamenti (che è il rendiconto con cui vengono registrati i deficit, o i surplus, commerciali). Ma per far ciò è necessaria la conoscenza di alcuni termini tecnici e di alcune semplici regole contabili.

Ciascun paese ha due diversi rendiconti su cui vengono registrate tutte le relazioni commerciali dei propri cittadini con l'estero. Uno di questi, come già notato, è il *conto corrente*; l'altro è il *conto capitale*.[1] Il valore di ogni tran-

---

1 Quello che qui abbiamo chiamato "conto capitale" è talvolta scisso in due: il "conto capitale" e il "conto finanziario". Insieme, essi registrano gli investimenti. Per mantenere il nostro discorso quanto più semplice possibile, useremo "conto capitale" per riferirci a quel rendiconto su cui viene registrato qualsiasi tipo di investimento, sia esso finanziario o "reale".

sazione economica internazionale è registrato su uno di questi due conti. Inoltre, poiché essi sono modellati in modo da bilanciarsi reciprocamente, tipicamente una transazione registrata su un conto implica una compensazione sull'altro conto. In questo modo, quindi, quando il valore attuale del conto corrente è sommato al valore attuale del conto capitale, la somma è *sempre* zero. Se, per esempio, il Regno Unito dovesse registrare, quest'anno, un deficit sul conto corrente con il resto del mondo di 73 miliardi £, esso avrebbe anche – come compensazione "bilanciante" – un surplus sul conto capitale di 73 miliardi £. Allo stesso mondo, se la Germania dovesse registrare, quest'anno, un surplus sul conto corrente con il resto del mondo di 209 miliardi €, essa avrebbe anche – come compensazione "bilanciante" – un deficit sul conto capitale di 209 miliardi €. In questo senso, allora, il commercio è sempre equilibrato.

Di seguito, troverete le voci di ciascun conto in maggior dettaglio, anche se la loro conoscenza non è necessaria per comprendere il funzionamento basilare dei due conti. Sul conto corrente sono registrati gli acquisti e le vendite di beni e servizi destinanti al consumo nel periodo *corrente*. Sul conto capitale sono registrati tutti gli investimenti, cioè gli acquisti e le vendite di *asset* (inclusi quelli immobiliari) realizzati con uno sguardo verso periodi futuri.

Questa contabilità internazionale ha due regole di base.

La prima. Se le persone del paese A, durante un dato periodo, importano più di quanto esportino, il paese A è in una situazione di deficit commerciale (o di deficit delle partite correnti). Se le persone del paese A importano meno di quanto esportino, il paese A è in una situazione di surplus commerciale (o di surplus delle partite correnti). Se le persone del paese A importano ed esportano per lo stesso ammontare, il conto corrente del paese A è in una situazione di equilibrio, non essendo né in deficit, né in surplus.

La seconda. Se le persone del paese A, durante un dato periodo, investono meno in paesi stranieri rispetto a quanto gli stranieri investano nel paese A, quest'ultimo è in una situazione di surplus sul conto capitale. Se le persone del paese A investono più in paesi stranieri rispetto a quanto gli stranieri investano nel paese A, quest'ultimo è in una situazione di deficit sul conto capitale.

Ciascuna di queste regole è strettamente collegata all'altra, sul presupposto per cui ogni transazione economica internazionale che non viene registrata sul conto corrente (cioè, la maggior parte delle transazioni, con l'esclusione dell'acquisto delle importazioni e la vendita delle esportazioni) sono, per definizione, operazioni di investimento e, dunque, registrate sul conto capitale. Gli investimenti stranieri nell'economia interna possono essere divisi in quattro differenti tipologie:

- *Investimenti azionari (equity)*: gli stranieri acquistano, totalmente o parzialmente, la proprietà di attività economiche ubicate nel paese di investimento.

- *Prestiti (debt)*: gli stranieri erogano credito, a qualsiasi termine, in favore dei cittadini dell'economia interna (questi sono quindi legalmente vincolati a restituire le somme ricevute).

- *Investimenti immobiliari (real estate)*: gli stranieri acquistano terreni o immobili ubicati nel paese di investimento.

- *Giacenza di cassa (cash)*: gli stranieri conservano, nel proprio portafoglio, valuta del paese di investimento.

Ogni volta che uno straniero realizza una di queste operazioni nel paese in cui ha scelto di investire, quest'ultimo riceve un'iniezione di capitale dall'estero. Viste dalla prospettiva del paese d'origine di chi investe, queste operazioni sono *fuoriuscite* di capitale.

Ogni iniezione di capitale in un paese accresce il deficit (o diminuisce il surplus) sul conto corrente di questo, e, allo stesso tempo, questa iniezione di capitale dall'estero amplia, per la stessa misura, il surplus (o riduce il deficit) sul conto capitale del paese di investimento. E per ogni paese i cui cittadini effettuino investimenti esteri, questa fuoriuscita di capitale accresce il surplus (o diminuisce il deficit) sul conto corrente, mentre incrementa, per la stessa misura, il deficit (o riduce il surplus) sul conto capitale.

COMMERCIO INTERNAZIONALE E CONTABILITÀ

conto corrente

- Merci: importate [-] ed esportate [+]

- Servizi: importati [-] ed esportati [+]

  - turismo

  - trasporti

  - servizi commerciali e professionali

- Redditi pagati per gli investimenti stranieri [-] e redditi ricevuti per gli investimenti effettuati all'estero [+]

- Trasferimenti monetari unilaterali

  - sussidi governativi elargiti [-] e ricevuti [+]

  - rimesse private elargite [-] e ricevute [+]

conto capitale

- Investimenti diretti: in entrata [+] e in uscita [-] (inclusi investimenti immobiliari)

- Investimenti di portafoglio: in entrata [+] e in uscita [-] (strumenti finanziari e valori mobiliari, inclusi quelli emessi dalle banche centrali)

  - *investimenti azionari (equity)*

  - *prestiti (debt)*

  - *giacenza di cassa (cash)*

- Riserve in denaro: acquistate [+] o alienate [-]

- Crediti del Fondo Monetario Internazionale e diritti speciali di prelievo: acquistati [+] o alienati [-]

- Riserve in valuta estera: acquistate [+] o alienate [-]

Il segno in ciascuna parentesi indica se il valore monetario della transazione registrata sul rendiconto figura come credito [+] o come debito [-]. Per come i due conti sono modellati, il valore positivo in uno dei rendiconti deve sempre compensare il valore negativo nell'altro, cosicché la somma dei valori dei due rendiconti deve essere uguale a zero.

Immaginiamo che, in gennaio, gli inglesi abbiano importato un totale di 50 miliardi £. Immaginiamo anche che, nello stesso mese, gli inglesi abbiano esportato lo stesso identico controvalore – 50 miliardi £ – in beni e servizi. In *questo* caso, poiché il valore delle esportazioni è pari a quello delle importazioni, il conto corrente inglese è, per il mese di gennaio, in equilibrio (a 0 £). Inoltre, poiché tutte le sterline ricevute dagli stranieri per le esportazioni nel Regno Unito ritorneranno in questo paese come domanda per beni inglesi da esportazione, gli stranieri non avranno più alcuna sterlina da *investire* nel Regno Unito. Allo stesso modo, poiché gli inglesi hanno speso in importazioni tutto quello che hanno guadagnato con le esportazioni, anche loro non avranno fondi da investire all'estero. Pertanto, poiché in gennaio non c'è stata alcuna attività sul conto capitale del Regno Unito, anche questo sarà bilanciato (a 0 £). E, ovviamente, sommando il valore del conto corrente a quello del conto capitale, il risultato sarà – sempre – in equilibrio (a 0 £).

Ora, immaginiamo che, nel mese di febbraio, gli inglesi abbiano importato per un controvalore pari a 46 miliardi £, ma esportato solo per 44 miliardi £: ciò vuol dire che hanno importato per 2 miliardi £ in più rispetto a quanto hanno esportato. Nel mese di febbraio, dunque, il Regno Unito si ritrova in una situazione di deficit sul conto corrente (o deficit commerciale) di 2 miliardi £. Ma che cosa hanno fatto gli stranieri con quei 2 miliardi £ che hanno scelto di non spendere in esportazioni inglesi? La risposta è che essi hanno, senza dubbio, investito quei soldi in *asset* denominati in sterline. Magari i 2 miliardi £ sono stati usati per comprare azioni alla Borsa di Londra (*London Stock Exchange*), oppure per acquistare immobili a Londra e Glasgow. Ancora, è possibile che quei 2 miliardi £ siano stati prestati al governo inglese, sotto forma di acquisti di titoli di Stato. A prescindere dalla particolare forma di investimento, ognuno di quei 2 miliardi £ che non sono tornati, nel mese di febbraio, sul conto corrente del Regno Unito (cioè, in forma di domanda per esportazioni inglesi) sono tornati sul conto capitale.[2] Nel mese di febbraio, il deficit sul con-

---

2 Qualsiasi sterlina in possesso, non importa per quanto a lungo, degli stranieri ritornerà nel Regno Unito: o, perlomeno, vi

to corrente inglese pari a 2 miliardi £ è stato bilanciato dal surplus sul conto capitale inglese pari a 2 miliardi £.

La consapevolezza per cui qualsiasi deficit sul conto corrente è interamente compensato da un surplus sul conto capitale fornisce una buona ragione per smettere di preoccuparsi nel caso in cui il proprio paese dovesse trovarsi in una situazione di deficit commerciale. Difatti, quando si tiene conto di tutte le attività economiche internazionali, non esiste alcun deficit. Tutte le sterline che lasciano il Regno Unito sotto forma di domanda per importazioni ritornano *o* come domanda per esportazioni dal Regno Unito *o* come investimenti nel Regno Unito. Poiché le attività economiche sono date tanto dal consumo quanto dall'investimento, esse risultano sempre in equilibrio, quando entrambe le voci corrispondenti a queste salutari attività economiche vengono rendicontate.

I FALSI MITI DEL DEFICIT COMMERCIALE

Benché i conti corrente e capitale di ciascun paese siano modellati per bilanciarsi reciprocamente (in modo che quando i loro valori vengono sommati il risultato sarà sempre 0), la bilancia dei pagamenti è circondata da una miriade di falsi miti.

Falso mito 1: il deficit commerciale riduce l'occupazione

L'ingiustificato timore per cui un paese in deficit commerciale sarà colpito, per questo motivo, da una maggiore disoccupazione è causato dal fissarsi sul fatto che quel paese esporti meno di quanto importi. "Poiché esportiamo meno di quanto importiamo", prosegue il ragiona-

---

ritornerà l'equivalente in potere d'acquisto. In ogni caso, va oltre lo scopo di questo libretto affrontare il *real balance effect* (come viene talvolta definito).

mento, "produciamo meno di quanto produrremmo se non fossimo in deficit commerciale. I posti di lavoro venuti meno a causa delle importazioni non sono del tutto sostituiti da quelli creati per via delle nostre esportazioni. Per questo motivo, il deficit commerciale riduce l'occupazione nel nostro paese".

Chi si concentra solo su importazioni ed esportazioni – cioè, solo su quelle attività economiche registrate sul conto corrente – è convinto che produrre un maggior numero di beni e servizi destinanti all'esportazione sia l'unico modo per creare posti di lavoro in grado di sostituire quella porzione di occupazione venuta meno a causa delle importazioni. Questa asserzione è priva di fondamento. I posti di lavoro nell'economia interna vengono creati non solo quando gli stranieri comprano più beni da noi esportati, ma anche quando questi investono di più nel nostro paese. Gli investimenti stranieri forniscono il capitale per avviare nuove attività commerciali, per ampliare e modernizzare quelle già esistenti, per sovvenzionare maggiormente la ricerca e lo sviluppo, per fornire ai lavoratori una migliore formazione professionale. In verità, la lista dei possibili impieghi degli investimenti stranieri è davvero lunga: e ognuno di questi porta alla creazione di posti di lavoro.

Quando, per esempio, IKEA ha aperto un punto vendita a Edimburgo, questo investimento da parte di una compagnia svedese ha aumentato il deficit commerciale inglese,[3] ma ha anche creato posti di lavoro nel Regno

---

3 Questo non è *sempre* vero. Poiché la bilancia dei pagamenti tiene conto di precisi e limitati periodi – ad esempio, mensili – l'aumento del livello di un investimento straniero nell'economia interna non necessariamente incrementerà il deficit commerciale nello stesso periodo in cui quell'investimento è

Unito. Per costruire – e fare funzionare – il negozio, saranno stati assunti dei lavoratori. Il fatto che nessuno di questi lavori sia nel settore delle esportazioni è irrilevante: essi sono stati creati solo perché alcuni svedesi hanno scelto di investire una parte delle loro sterline non per comprare beni e servizi esportati dal Regno Unito, ma piuttosto per investire in questo paese.

Più in generale, ogni qualvolta degli stranieri investono in un altro paese, ciò che hanno guadagnato esportando ritornerà e verrà posto a frutto in questo paese. Immaginiamo che un esportatore cinese compri una casa a Londra. Poiché gli acquisti di beni immobili sono registrati sul conto capitale, sarà su di esso che le sterline impiegate per l'acquisto dell'immobile londinese e tornate nel Regno Unito saranno registrate e non, invece, sul conto corrente (che tiene conto della domanda per le espor-

---

avvenuto. Quest'ultimo, infatti, potrebbe essere stato finanziato esclusivamente attraverso fondi ottenuti dalla vendita di *asset* denominati nella valuta del paese di investimento. Ad esempio, IKEA potrebbe sostenere i costi di costruzione, in un dato mese, del suo punto vendita a Edimburgo non con fondi provenienti dall'acquisto di esportazioni inglesi, ma – ad esempio – dalla vendita di titoli di Stato inglesi che aveva precedentemente acquistato. Ma ciò sarà possibile solo perché, nel passato, un investitore straniero aveva acquistato titoli di Stato inglesi, così aumentando il deficit commerciale del Regno Unito in quei periodi. Il punto centrale è che ogni qualvolta uno straniero investe nel vostro paese, non sta comprando tutti i beni e servizi da esportazione che avrebbe potuto potenzialmente acquistare: eppure, questo non significa che i fondi che ritorneranno nel vostro paese in forma di investimenti produrranno meno occupazione rispetto all'ipotesi in cui sarebbero stati usati per acquistare beni e servizi esportati dal vostro paese.

tazioni inglesi). Ma esse sono comunque tornate nel Regno Unito.

E queste sterline saranno poi spese – o investite in altro modo – nel Regno Unito. Ad esempio, l'inglese che ha venduto quella casa potrebbe usare il ricavato, in parte, per acquistare un'auto costruita nel Regno Unito e, in parte, per acquistare quote della BP o per avviare una nuova impresa nel settore informatico. Qualunque sia l'impiego di quelle sterline, esse hanno creato posti di lavoro nel Regno Unito, così da bilanciare la perdita di quelli venuti meno a causa delle importazioni.

Per meglio comprendere perché sarebbe folle interpretare un deficit commerciale come un deflusso netto della domanda aggregata di posti di lavoro, basta riconoscere che le sterline possono essere spese o investite dai cittadini di un paese allo stesso modo in cui possono farlo i cittadini di un paese estero. Questi ultimi potrebbero usare tutte le sterline in loro possesso per comprare birra artigianale inglese o auto inglesi, così azzerando il deficit commerciale del Regno Unito; oppure potrebbero acquistare quote della Borsa di Londra, così provocando un deficit commerciale nel Regno Unito. Ma immaginiamo – cosa probabile – che in questo ultimo caso chi ha venduto le quote possedute usi, immediatamente, il ricavato per acquistare birra artigianale o auto di fattura inglese. Chiaramente, l'effetto positivo sull'occupazione nelle industrie birraria e automobilistica inglesi sarà identico in entrambi i casi: ma, mentre il Regno Unito nel primo caso non si ritroverà in una situazione di deficit commerciale, lo sarà nel secondo. Questo esempio, anche da solo, dovrebbe essere sufficiente a mostrare l'errore di chi sostiene che il deficit commerciale provochi, in modo obbligato, una riduzione dell'occupazione domestica.

Falso mito 2: il deficit commerciale è necessariamente segno di problemi economici o politici

Il deficit commerciale viene comunemente inteso come evidenza del fatto che l'economia interna è in crisi, a causa o di scelte irresponsabili da parte dei privati cittadini, o di abusi da parte del governo (o di entrambe le possibilità). Questa idea è probabilmente nutrita dalla combinazione tra l'accezione negativa che circonda la parola "deficit" e l'ignoranza del fatto che ogni deficit commerciale è sempre e comunque compensato da un surplus sul conto capitale. Basterebbe *riferirsi* al deficit commerciale con il suo nome analogo – ugualmente corretto, ma meno preoccupante – di "surplus sul conto capitale", per dissipare le preoccupazioni che si hanno rispetto ad esso.

Il buon senso e la teoria economica ci suggeriscono che i paesi che godono di un enorme flusso di investimenti stranieri stanno probabilmente facendo qualcosa di *giusto*, almeno in confronto ad altri paesi, anziché qualcosa di sbagliato. Un deficit sul conto corrente – altrimenti noto come un surplus sul conto capitale – ha come conseguenza il fatto che ogni paese che ne presenti uno è considerato dagli investitori globali come un posto in cui è conveniente investire. Nessuno investirebbe in compagnie o in paesi con la fama di essere in declino economico. Il solo fatto che ci sia un deficit commerciale nel vostro paese, dunque, va inteso come prova che gli investitori mondiali guardano ad esso come a una serie di opportunità di investimenti valutati più sicuri e redditizi rispetto a quelli offerti da altri paesi. E sebbene sia possibile che gli investitori globali facciano scelte sbagliate, difficilmente sarà occasione di imbarazzo nazionale e di lamentele il fatto che il futuro economico del vostro paese sia considerato da quegli investitori promettente al punto da giustificare maggiori investimenti nella sua economia.

Piuttosto, un deficit commerciale – che non è mai di per sé *causa* di problemi economici – può essere inteso come *sintomo* di problemi economici. Se i cittadini di un paese cominciano a spendere in modo estremamente irresponsabile, e per far ciò chiedono in prestito soldi dall'estero, il deficit commerciale di quel paese crescerà. E poiché un simile irresponsabile comportamento causerà sia l'incremento dell'indebitamento che la riduzione dell'abilità di ripagare quel debito, un deficit commerciale che sia sorto in queste circostanze è un sintomo di un problema economico di fondo: cioè, dell'irresponsabile prodigalità dei cittadini di quel paese.[4]

Eppure, nell'esempio appena fatto, anche se uno dei sintomi dei problemi dell'economia interna è dato dal deficit commerciale, questi problemi non sono causati dal commercio, ma, piuttosto, da ciò che gli economisti definiscono una *time preference* altamente elevata tra i cittadini di un dato paese (ciò che comunemente definiremmo uno sperpero poco lungimirante). Se questi ultimi scelgono, per qualsiasi ragione, di scartare – irresponsabilmente – i bisogni futuri, così da poter consumare smisuratamente nel presente, non sarà certo limitando il loro commercio con l'estero che si porrà rimedio a questo male.

La spiegazione più plausibile per questo esempio (piuttosto comune) di una spesa così irresponsabilmente ele-

---

4 Ovviamente, se il paese dovesse trovarsi in una situazione di deficit commerciale in queste circostanze, i creditori stranieri crederanno in ogni caso che i cittadini di quel paese continueranno a essere sufficientemente produttivi, o sufficientemente ricchi, da ripagare i propri debiti.

vata è che il governo sia in una situazione di disavanzo di bilancio.[5] Poiché è più facile spendere i soldi degli altri rispetto ai propri, e poiché quando il governo emette titoli di debito sta in effetti impegnando i soldi dei futuri contribuenti (molti dei quali non sono ancora nati e, quindi, non votano), è probabile che, potendo finanziare le proprie spese con i fondi ricevuti in prestito, l'esito sarà quello di una eccessiva spesa governativa finanziata a mezzo del debito.[6] Se un governo ha creato un deficit di bilancio e se tra i creditori dello Stato vi sono cittadini stranieri, questo paese incorrerà in un deficit commerciale maggiore (o in un surplus commerciale minore) di quanto non avverrebbe altrimenti. Se il ricorso all'indebitamento pubblico è realmente imprudente o eccessivo, allora il deficit commerciale sarà, in parte, prova di un'irresponsabile politica fiscale.

Ma se, invece, le azioni del governo dovessero essere orientate dall'interesse pubblico, la presenza di un disavanzo pubblico dovrebbe essere intesa non come evidenza di una spesa eccessiva (a fronte delle entrate tributarie disponibili), ma, piuttosto, come una scelta di politica fiscale prudente e che tenga conto proprio di quell'interesse pubblico. In questo caso, benché i prestiti esteri contri-

---

5 Un disavanzo di bilancio pubblico è diverso da un deficit commerciale: difatti, il primo presuppone necessariamente un eccesso di uscite rispetto alle entrate e, quindi, un incremento dell'indebitamento statale. Contrariamente al deficit commerciale, un disavanzo di bilancio crea sempre e comunque maggiore debito che – a meno di *default* o di una rivoluzione – deve essere sicuramente ripagato.

6 Vedi, in proposito, James M. Buchanan - Richard E. Wagner, *La democrazia in deficit. L'eredità politica di lord Keynes*, Roma, Armando editore, 1997 (1977).

buiranno, comunque, all'incremento del deficit commerciale (o al decremento del surplus commerciale), questa alterazione non sarà prova di un sottostante problema economico o politico.

In entrambi i casi, tuttavia, i prestiti esteri *beneficiano* i cittadini di un dato paese. Più stranieri sono disposti a prestare a un paese estero, e più i risparmi conseguiti dai cittadini di quest'ultimo potranno essere investiti nelle attività economiche private. In altre parole, quando dei creditori stranieri mettono insieme i propri risparmi con quelli dei cittadini di un altro paese per finanziare il disavanzo fiscale di quest'ultimo, il totale dei risparmi impiegati nell'economia di quel paese è maggiore. In questo modo, il tasso di interesse a lungo termine è minore, così come minore è la quantità di investimento privato assorbito dal finanziamento del debito pubblico. E questo sarà vero in ogni caso, a prescindere dalla lungimiranza o dall'imprudenza delle politiche fiscali adottate da un governo.

Falso mito 3: il deficit commerciale è causato da pratiche commerciali "scorrette" dei governi stranieri

È stato detto a sufficienza sul perché un deficit commerciale non va inteso come testimonianza di pratiche commerciali "scorrette" da parte dei governi stranieri. Gli opinionisti, i politici e i protezionisti convinti del contrario affermano che se solo i governi stranieri non limitassero così severamente le importazioni nei propri paesi, o non sussidiassero così liberalmente le esportazioni dai propri paesi, allora la loro economia interna potrebbe esportare di più e importare di meno. In questo modo, il loro paese si troverebbe in una situazione di minore deficit commerciale. Ma c'è un errore in un simile ragionamento.

Quando un governo straniero limita le importazioni per i propri cittadini, difatti sta danneggiando la loro capacità esportativa. Se una delle conseguenze delle restrizioni alle importazioni è che i cittadini di un dato paese spendono meno per questa voce, i cittadini di un altro paese riceveranno meno soldi in valuta di quel paese da spendere per acquistare le esportazioni prodotte da quest'ultimo. Allo stesso modo, se un governo straniero dovesse riuscire a incrementare le esportazioni del proprio paese a mezzo di sovvenzioni pubbliche, allora l'incremento di guadagno conseguito permetterà ai cittadini di quel paese di spendere di più in importazioni.

Che un paese sia o meno in deficit commerciale, e che quest'ultimo sia più o meno profondo, dipende soprattutto dal fatto che gli investitori mondiali ritengano conveniente investire in quel dato paese, piuttosto che in un altro. Un paese con una capacità attrattiva nei confronti degli investitori stranieri attirerà una maggiore quantità di capitali dal resto del mondo e, quindi, presenterà un deficit commerciale maggiore. E più gli investitori troveranno conveniente investire in quel paese e più il suo deficit sarà profondo e costante. Di contro, i paesi in cui gli investitori riterranno *non conveniente* investire, si troveranno in una situazione di surplus commerciale. Restrizioni agli scambi e sussidi alle esportazioni adottati da governi stranieri, pertanto, avranno un effetto irrisorio sulla bilancia dei pagamenti di un altro paese.

In modo piuttosto ironico, però, tutto ciò potrebbe avere un effetto indiretto (ancorché abbastanza diverso da quello immaginato dai protezionisti e dagli scettici dei benefici del libero scambio). Poiché i governi che accordano favoritismi, attraverso il ricorso alle limitazioni alle importazioni e ai sussidi alle esportazioni, finiscono per indebolire la salute delle economie dei loro paesi, questi ultimi diventano meno attraenti agli occhi degli investitori stranieri rispetto a quei paesi i cui governi non indulgono – o lo fanno in misura minore – in questo tipo di interventi. Nel lungo periodo, dunque, gli investitori stranieri si allontaneranno dai paesi che facciano costante ricorso ai dazi protettivi o alle sovvenzioni alle esportazioni (o ad entrambi), per spingersi verso i paesi che siano meno propensi a farvi affidamento. Come conseguenza dell'intromissione dei governi esteri nei traffici commerciali, i paesi in cui una più ampia parte delle risorse verrà allocata a mezzo dei mercati concorrenziali, anziché delle scelte governative o burocratiche, sperimenterà un maggiore deficit commerciale.

*Falso mito 4: il deficit commerciale riflette
una minore quantità di risparmi*

È vero, dal punto di vista delle regole contabili, che quando un paese è in deficit commerciale, il totale degli investimenti sarà superiore alla quantità dei risparmi. Eppure, ciò non significa per forza di cose che i cittadini di quel paese abbiano risparmiato troppo poco: è un errore ritenere che se i cittadini di un paese in deficit commerciale dovessero aumentare i propri risparmi nella misura di quel deficit, quest'ultimo sparirebbe di conseguenza.

L'errore è assai comune, ed è spesso commesso addirittura da economisti professionisti. Per esempio, in un editoriale del 2 maggio 2018, pubblicato sul *Wall Street Journal*, Jason Furman, economista della *Harvard University*, e già presidente del *Council of Economic Advisors* del presidente Obama, ha scritto che:

> l'attuale deficit delle partite correnti è dato dalla differenza tra il totale degli investimenti e il totale dei risparmi. Se un paese risparmia meno soldi di quanto

> ne investe in beni come industrie o apparecchiature, deve finanziare la differenza con prestiti esteri.[7]

L'affermazione di Furman è fondata sull'errato convincimento che tutto ciò che si traduce in investimenti in un dato paese sia finanziato esclusivamente dai cittadini di quello stesso paese (ciascuno dei quali «investe in beni come industrie o apparecchiature» quanto sia necessario per far sì che queste cose vengano ad esistenza). Eppure – prosegue questa popolare narrazione – quegli stessi cittadini, considerati come gruppo, finiscono per non risparmiare abbastanza da finanziare tutti quegli investimenti. E quando ciò accade, allora, quei cittadini devono fare affidamento – o "attirare" – investimenti dall'estero per compensare la differenza nei loro risparmi.

Ma tutto ciò è sbagliato. È falso che tutti gli investimenti che avvengono in un paese siano finanziati da quanto i cittadini di quel paese «invest[ono] in beni come industrie o apparecchiature». Gli investimenti in un'economia possono, e spesso sono, sprigionati dalla creatività e dall'iniziativa di cittadini stranieri. Dopotutto, dal momento in cui nessun paese ha un monopolio sulla creatività imprenditoriale o sul fegato necessario per accollarsi investimenti rischiosi, molti degli investimenti stranieri nell'economia di un altro paese non si realizzerebbero, qualora i loro autori, per qualsiasi ragione, fossero ostacolati o dissuasi dall'investire lì.

E poiché, spesso, chi concepisce un'idea imprenditoriale è anche l'unico disposto a crederci abbastanza al punto da investirvi, non deve sorprendere il fatto che la mag-

---

7 "Worry About the Trade Deficit - a Bit", *Wall Street Journal*, 2 maggio 2018.

gior parte degli investimenti stranieri sia finanziata non dai risparmi interni, ma da quelli esteri.

Tuttavia, questo dato di fatto è oscurato dall'abitudine di pensare a tutti gli investimenti che vengono effettuati in un paese come se essi fossero finanziati non dai singoli investitori, ma dal paese in cui quegli investimenti si realizzano. Basta poco per passare dalla convinzione che tutti gli investimenti in un dato paese siano come destinati a realizzarsi lì, alla conclusione che l'unica ragione per cui gli stranieri abbiano investito in quel paese è che i cittadini di quest'ultimo non avessero risparmiato a sufficienza. Questa conclusione sbagliata, a sua volta, conduce all'altrettanto sbagliata opinione per cui se gli abitanti di un paese in deficit commerciale dovessero aumentare i propri risparmi nella misura di quel deficit, questi ultimi – in luogo di quelli degli stranieri – finanzierebbero l'intera mole degli investimenti, con la conseguenza per cui non ci sarebbe alcun deficit commerciale.

Le opportunità di investimento non sono "fisse". Non sono indipendenti dalle impressioni, dai talenti e dalle preferenze – comprese quelle per il risparmio in luogo del consumo – degli investitori in carne e ossa che le rendono possibili. Le opportunità di investimento, lungi dall'essere qualcosa che nasce da sé, sono spesso *create* dagli individui che decidono di investire. Ogni volta che i dirigenti di IKEA investono parte delle risorse della compagnia nella costruzione di un nuovo punto vendita, non stanno approfittando (passivamente) di una opportunità di investimento che sarebbe stata comunque raccolta da qualcun altro: con i talenti e le preferenze unicamente loro e della loro compagnia, stanno creando opportunità specifiche per la vendita di arredamenti. Così, mentre la costruzione di un punto vendita IKEA al di fuori del territorio svedese avrà come conseguenza l'aumento del deficit commerciale di altri paesi, è un errore pensare che sia toccato ad IKEA costruire quei negozi solo perché i cittadini degli altri paesi non avessero risparmiato a sufficienza.

Se quei cittadini avessero risparmiato di più, è sicuramente possibile che alcuni di essi avrebbero aperto negozi di arredamento nei rispettivi paesi e, pertanto, avrebbero ridotto la redditività attesa dei nuovi punti vendita IKEA. Ma anche nel caso in cui questa probabilità dovesse divenire realtà, da ciò comunque non seguirebbe che quei paesi avrebbero avuto un minore deficit commerciale.

*Falso mito 5: il deficit commerciale accresce,
per forza di cose, l'indebitamento estero*

Anche questo falso mito figura nel passaggio già ricordato dell'editoriale di Furman sul deficit commerciale, quando il suo autore ha scritto che la «differenza» tra il totale degli investimenti e il totale dei risparmi in un paese deve essere finanziato «con prestiti esteri».

Che un deficit commerciale non debba necessariamente implicare un indebitamento estero è facilmente dimostrato dal riepilogo dei quattro differenti modi con cui gli investimenti esteri si realizzano. Solo uno di essi produce debito. Gli altri tre – investimenti azionari, acquisti immobiliari e giacenza di cassa (*cash holdings*) – non causano indebitamento estero.

Come esempio, ripensiamo alla decisione di IKEA di costruire un negozio nel Regno Unito. Nel farlo, IKEA userà le sterline per costruire un punto vendita che poi possiederà e terrà in attività. La scelta di IKEA incrementerà il deficit commerciale inglese, ma nessun cittadino o semplice residente nel Regno Unito si troverà, di conseguenza, più indebitato. Il valore di questo investimento non dovrà essere ripagato da nessun inglese (o, del resto, da nessun altro nel mondo). Se il negozio non dovesse avere successo, la perdita ricadrà esclusivamente sui proprietari di IKEA: nessuno, al di fuori di questi ultimi, sarà tenuto a compensarla.

Allo stesso modo, se il negozio dovesse avere successo, i profitti di cui godrà IKEA rifletteranno il valore che è stato *creato* dalla costruzione e dalla gestione fruttuose di questo negozio da parte di IKEA. Questi profitti non sono proventi del rimborso di un debito, né sono "valore" sottratto all'economia inglese. Vale la pena ribadire il punto in questione: questi profitti sono *creati* da IKEA. Essi non esisterebbero se IKEA non avesse sopportato il rischio e profuso il proprio impegno nella costruzione e nella gestione di un punto vendita nel Regno Unito. Difatti, poiché questi profitti sono dipendenti dalle modalità con cui IKEA ha migliorato l'uso delle risorse presenti in quel contesto economico, l'esistenza di essi implica l'accrescimento del benessere anche di tutti gli inglesi.

La conclusione è che un deficit commerciale (o delle partite correnti) è un artefatto contabile che misura solo una parte di una molto più grande serie di transazioni economiche. L'esistenza di un simile deficit non implica alcuna effettiva carenza nell'economia interna o negli scambi commerciali con l'estero. Piuttosto, un deficit commerciale, di solito, annuncia un promettente futuro economico. I timori in caso di deficit commerciale sono assolutamente infondati.

CONCLUSIONI

Gli scambi commerciali rendono più ricchi chi vi prende parte. Poche nozioni sono meno controverse di questa tra gli economisti. Nondimeno, è difficile alimentare un consenso politico in favore del libero scambio. I suoi costi – ad esempio, la perdita di posti di lavoro nei settori industriali in cui le imprese straniere godono di un vantaggio comparato – sono concentrati e, quindi, evidenti. I suoi benefici, benché molto più importanti, sono dispersi e passano sottotraccia. Che la vostra auto e i vostri elettrodomestici siano meno costosi perché, ad esempio, l'importazione dell'acciaio non è gravata da un dazio, o che il vostro lavoro sarebbe pagato meno se l'acciaio importato fosse soggetto a un dazio, non sono fatti che emergono dal registro di cassa o dalla busta paga. Né, tantomeno, vengono spesso ricordati dai politici.

Il consenso internazionale in favore del libero scambio, emerso a seguito della Seconda guerra mondiale e durato per un cinquantennio, è stato il trionfo di politiche assennate sulla demagogia. Purtroppo, quel consenso sta svanendo. La vecchia idea mercantilistica per cui i paesi guadagnano dalle esportazioni e perdono dalle importazioni sta riguadagnando popolarità tra i politici e nuovi dazi commerciali stanno per essere introdotti. È di nuovo politicamente spendibile l'affermazione per cui siamo tutti danneggiati quando uno dei nostri concittadini compra qualcosa da uno straniero. Questa è un'idea pericolosa, e non solo dal punto di vista economico.

I politici, e chi vota per loro, devono sempre ricordarsi delle virtù del libero scambio.

Donald J. Boudreaux è Professore di Economia ed ex-preside del Dipartimento di Economia della George Mason University (Fairfax, Virginia). È inoltre Getchell Chair del Mercatus Center presso la medesima Università. È autore, tra l'altro, di *The Essential Hayek* (2014, ed. ita. IBL Libri 2017) e *Globalization* (2008). I suoi articoli di carattere divulgativo sono stati pubblicati dal *Wall Street Journal*, *New York Times*, *U.S. News & World Report* e *USA Today*. Boudreaux scrive regolarmente per il *Pittsburgh Tribune-Review* e per l'American Institute for Economic Research. Il suo blog si trova all'indirizzo www.cafehayek.com. Don Boudreaux ha conseguito il dottorato in economia presso la Auburn University e si è laureato in legge alla University of Virginia.

Mercato, Diritto e Libertà

Richard Epstein
Mercati sotto assedio. Cartelli, politiche e benessere sociale

Benjamin Constant
Conquista e usurpazione

Paul H. Rubin
La politica secondo Darwin. L'origine evolutiva della libertà

Peter T. Bauer
Dalla sussistenza allo scambio. Uno sguardo critico sugli aiuti allo sviluppo

Fred Foldvary
Beni pubblici e comunità private. Come il mercato può gestire i servizi pubblici

Sergio Ricossa
Straborghese

Vernon L. Smith
La razionalità nell'economia. Fra teoria e analisi sperimentale

Jonathan R. Macey
Corporate Governance. Quando le regole falliscono

Milton Friedman
Capitalismo e libertà

Hunter Lewis
Tutti gli errori di Keynes. Perché gli Stati continuano a creare inflazione, bolle speculative e crisi finanziarie

Francesco Pulitini (a cura di)
Tra Stato e Mercato. Libertà, impresa e politica nella storia del pensiero economico, da Adam Smith a Ronald Coase

Hans-Adam II, Principe Regnante del Liechtenstein
Lo Stato nel terzo millennio

Luigi Marco Bassani (a cura di)
Gli Antifederalisti. I nemici della centralizzazione in America (1787-1788)

Luigi Einaudi
In lode del profitto e altri scritti

Henry Hazlitt
L'economia in una lezione. Capire i fondamenti della scienza economica

Daniel Friedman
Morale e Mercato. Storia evolutiva del mondo moderno

Matt Ridley
Le origini della virtù. Gli istinti umani e l'evoluzione della cooperazione

Kenneth Minogue
La mente servile. La vita morale nell'era della democrazia

Friedrich A. von Hayek
Contro Keynes. Presunzioni fatali e stregonerie economiche

Raimondo Cubeddu
Il tempo della politica e dei diritti

David Schmidtz e Jason Brennan
Breve storia della libertà

Milton e Rose Friedman
Liberi di scegliere. Una prospettiva personale

Ronald Coase e Ning Wang
Come la Cina è diventata un paese capitalista

Kenneth Minogue
Breve introduzione alla politica

Deirdre McCloskey
I vizi degli economisti, le virtù della borghesia

Friedrich A. Von Hayek
Produzione e produttività. Sull'"Effetto Ricardo"

Ilya Somin
Democrazia e ignoranza politica. Perché uno Stato più snello sbaglia di meno

Jean Baechler
Le origini del capitalismo

Francesco Forte
Einaudi versus Keynes

Ronald Coase
Sull'economia e gli economisti

Luigi Marco Bassani
Repubblica o democrazia? John C. Calhoun e i dilemmi di una società libera

Murray N. Rothbard
Potere e mercato

Anthony de Jasay
Lo Stato

Sergio Ricossa
I fuochisti della vaporiera. Gli economisti del consenso

Robert A. Nisbet
Storia e cambiamento sociale. Il concetto di sviluppo nella tradizione occidentale

Charles Gave
Gesù economista. Ricchezza, proprietà privata e giustizia sociale

John Lachs
Lasciare in pace gli altri

Alan S. Kahan
La guerra degli intellettuali al capitalismo

Carl Menger
Scambio, valore e capitale. Scritti su Adam Smith

Policy

Václav Klaus
Pianeta blu, non verde. Cosa è in pericolo: il clima o la libertà?

Arnold Kling
La sanità in bancarotta. Perché ripensare i sistemi sanitari

Andrea Giuricin
Alitalia. La privatizzazione infinita

Alberto Mingardi (a cura di)
La crisi ha ucciso il libero mercato?

Nicholas Eberstadt e Hans Groth
L'Europa che invecchia. La qualità della vita può sconfiggere il declino

John B. Taylor
Fuori strada. Come lo Stato ha causato, prolungato e aggravato la crisi finanziaria

Kevin Dowd
Abolire le banche centrali

Stephen Goldsmith e William D. Eggers
Governare con la rete. Per un nuovo modello di pubblica amministrazione

Gabriele Pelissero e Alberto Mingardi (a cura di)
Eppur si muove. Come cambia la sanità in Europa, fra pubblico e privato

Edwin S. Rockefeller
La religione dell'antitrust. Riti e pratiche della politica della concorrenza

Arnold Kling e Nick Schulz
Economia 2.0. Il software della crescita

Fredrik Segerfeldt
Acqua in vendita? Come non sprecare le risorse idriche

Stefano Moroni (a cura di)
La città rende liberi. Riformare le istituzioni locali

Luca Enriques
Le regole della finanza. Diritto societario e mercato in Italia e in Europa

Nicola Rossi (a cura di)
Sudditi. Un programma per i prossimi 50 anni

Massimiliano Trovato (a cura di)
Obesità e tasse. Perché serve l'educazione, non il fisco

Carlo Lottieri e Daniele Velo Dalbrenta (a cura di)
Libertates. Stato, politica e diritto alla prova delle libertà individuali

Enrico Colombatto
L'economia di cui nessuno parla. Mercati, morale e intervento pubblico

Eugenio Somaini
I beni comuni oltre i luoghi comuni

Marco Ponti, Stefano Moroni e Francesco Ramella
L'arbitrio del Principe. Sperperi e abusi nel settore dei trasporti: che fare?

Joshua C. Hall
Homer Economicus. L'economia spiegata dai Simpson

Nicola Rossi (a cura di)
Venticinque% per tutti. Un sistema fiscale più semplice, più efficiente, più equo

Geoffrey Wood e Steve Hughes (a cura di)
Tutti gli errori di Piketty. Saggi su Il capitale nel XXI secolo

Louis E. Carabini
Nati per la libertà. L'inutile tentativo di sopprimere lo spirito umano

Filippo Cavazzoni (a cura di)
Il pubblico ha sempre ragione?

Carlo Stagnaro (a cura di)
Cosa succede se usciamo dall'euro?

Alex Epstein
In difesa dei combustibili fossili

Johan Norberg
Progresso

Daniele Velo Dalbrenta (a cura di)
Imposizione fiscale e libertà

Antonio Accetturo e Guido de Blasio
Morire di aiuti. I fallimenti delle politiche per il Sud (e come evitarli)

Serena Sileoni (a cura di)
Noi e lo Stato: Siamo ancora sudditi?

Carlo Stagnaro (a cura di)
Cosa succede se usciamo dall'euro? (Nuova edizione)

Report

Andrea Giuricin e Massimiliano Trovato (a cura di)
La telefonia mobile e il laboratorio Italia. Primo rapporto sulla telefonia mobile in Italia

Carlo Stagnaro (a cura di)
Indice delle liberalizzazioni 2009

Piercamillo Falasca (a cura di)
Dopo! Come ripartire dopo la crisi

Carlo Stagnaro (a cura di)
Indice delle liberalizzazioni 2010

Istituto Bruno Leoni
Rapporto sulle infrastrutture in Italia. Le infrastrutture autostradali

Carlo Stagnaro (a cura di)
Indice delle liberalizzazioni 2011

Carlo Stagnaro (a cura di)
Indice delle liberalizzazioni 2012

Istituto Bruno Leoni
Liberare l'Italia. Manuale delle riforme per la XVII legislatura

Carlo Stagnaro (a cura di)
Indice delle liberalizzazioni 2013

Carlo Stagnaro (a cura di)
Indice delle liberalizzazioni 2014

Carlo Stagnaro (a cura di)
Indice delle liberalizzazioni 2015

Carlo Stagnaro (a cura di)
Indice delle liberalizzazioni 2016

e-Media Institute – Istituto Bruno Leoni
Il sistema audiovisivo: evoluzione e dimensioni economiche 2016

e-Media Institute e Istituto Bruno Leoni
Il sistema audiovisivo: evoluzione e dimensioni economiche 2017

Carlo Stagnaro (a cura di)
Indice delle liberalizzazioni 2017

e-Media Institute e Istituto Bruno Leoni
Il sistema audiovisivo: evoluzione e dimensioni economiche 2018

Lectio Marco Minghetti

Leszek Balcerowicz
Il fallimento degli Stati sovrani nell'Unione Europea. Una prospettiva comparata / Sovereign Bankruptcy in the European Union. A Comparative Perspective

Vito Tanzi
Centocinquant'anni di finanza pubblica in Italia / A Century and a Half of Public Finances in Italy

Carlo Cottarelli
La Spending Review: un bilancio

Richard E. Wagner
Il debito pubblico e la corruzione delle promesse/Public Debt and the Corruption of Contract

George S. Tavlas
The Theory of Monetary Integration in the Aftermath of the Greek Financial Crisis/La teoria dell'integrazione monetaria all'indomani della crisi finanziaria greca

Classici della libertà

Bruno Leoni
Il diritto come pretesa individuale

Frédéric Bastiat
Ciò che si vede e ciò che non si vede

Thomas Jefferson
Federalismo e libertà

Alexis de Tocqueville
Saggio sulla povertà

Friedrich Schiller
Sparta e Atene

Antonio Rosmini
Saggio sul comunismo e sul socialismo

Wilhelm Röpke
La statizzazione dell'uomo

Bruno Leoni
Sciopero e serrata

Lord Acton
Libertà e nazione

Herbert Spencer
Il diritto di ignorare lo Stato

Michael Oakeshott
Razionalismo in politica

James Madison
Il Federalista – n. 10 e n. 51

Gaetano Mosca
La municipalizzazione del pane a Palermo nei secoli XVII e XVIII

Frédéric Bastiat
La legge

Herbert Spencer
Dalla libertà alla schiavitù

Ludwig von Mises
Il calcolo economico nello Stato socialista

Edmund Burke
Discorso sulla mozione di conciliazione con le colonie americane

David Hume
Sul commercio e sulla civiltà

Vilfredo Pareto
Economia politica e società

Antonio Rosmini
Sulla libertà d'insegnamento

Murray N. Rothbard
Stato vs proprietà

Alexis de Tocqueville
La democrazia in Svizzera, seguito dal Discorso contro il diritto al lavoro

Wilhelm Röpke
Etica cristiana e libertà economica

Francesco Ferrara
Su Frédéric Bastiat

Liberismi italiani

Luca Tedesco (a cura di)
Guglielmo Ferrero antiprotezionista

Luca Tedesco (a cura di)
Antonio de Viti de Marco: dalla scienza alla lotta

Roberto Ricciuti (a cura di)
Luigi Einaudi: Contro i trivellatori di Stato

Riccardo Piccioni (a cura di)
Marco Minghetti e il liberismo temperato

Gianmarco Pondrano Altavilla (a cura di)
In difesa della governante di Calamandrei

Luca Tedesco (a cura di)
Giorgio Arcoleo e i teologi del dispotismo

Fuori collana

Gabriele Pelissero e Lucio Scudiero
Il futuro del welfare sanitario. Un caso italiano e uno spagnolo

John B. Taylor
Verso una strategia d'uscita. Regole o discrezionalità? / Towards an Exit Strategy. Discretion or Rules?

Lucia Quaglino, Alberto Mingardi e Gabriele Pelissero
La spesa sanitaria italiana. Quel che si vede, quel che non si vede

Massimiliano Trovato e Lucia Quaglino
Obesity and Taxes. Why Government Cannot Make You Thinner

Antonio Pilati
Europa: sovranità dimezzata

Stefano Magni (a cura di)
This Lady is not for turning. I grandi discorsi di Margaret Thatcher

Lucia Quaglino
D'amore, di morte e di altri divieti. Le ordinanze dei sindaci e la libertà individuale

Nicola Iannello (a cura di)
Nessuna anarchia, poco Stato e molta utopia. Robert Nozick quarant'anni dopo

AA.VV.
Il liberista tascabile

Gordon Tullock, Arthur Seldon e Gordon L. Brady
I fallimenti dello Stato. Introduzione alla Public choice

Gabriele Pelissero e Alberto Mingardi (a cura di)
Competizione, sostenibilità e qualità. Quale futuro per il welfare sanitario italiano?

Eamonn Butler
La ricchezza delle nazioni in pillole, con un distillato della Teoria dei sentimenti morali

Antony Jay e Jonathan Lynn
Yes Minister: I diari dell'Onorevole James Hacker, Volume 1

Matteo Borghi
La Grecia in crisi: una cronistoria

Angel Soto (a cura di)
Letteratura e libertà: Borges, Paz e Vargas Llosa

Konrad Hummler and Alberto Mingardi
Europe, Switzerland, and the Future of Freedom

Serena Sileoni (a cura di)
I carattere della libertà: saggi in onore di Aldo Canovari

Istituto Bruno Leoni
Il caso olandese: lezioni per l'Italia

Gordon Tullock
Le motivazioni del voto

Donald J. Boudreaux
Hayek: l'essenziale

AA.VV.
Venticinque% per tutti. Il dibattito

Eamonn Butler
Liberalismo classico

Jacopo Marchetti
Foucault e Hayek

Giorgio Vallorani
Cosa succede davvero se…

FREEdom

Ludwig M. Lachmann
Il mercato e la distribuzione della ricchezza

Kenneth Minogue
I pericoli dell'idealismo politico

Anthony de Jasay
I principi della giustizia sociale (con un po' d'aiuto da parte di Adam Smith)

Vito Tanzi
Politica fiscale. Quando teoria e pratica si scontrano

William Graham Sumner
L'uomo dimenticato

Israel M. Kirzner
Concorrenza, regolamentazione e processi di mercato. Un punto di vista "austriaco"

Stephen Littlechild
Regolamentazione, eccesso di regolamentazione e deregolamentazione

Sam Peltzman
La regolamentazione e la ricchezza delle nazioni. Il rapporto tra la regolamentazione e il progresso economico

George Yarrow
Gli intellettuali e la regolamentazione